Yvonne Skowronek

HAPPY FACES

Lustige Gesichter aus Recycling-Materialien basteln

CV

VORWORT

Angefangen hat alles so …

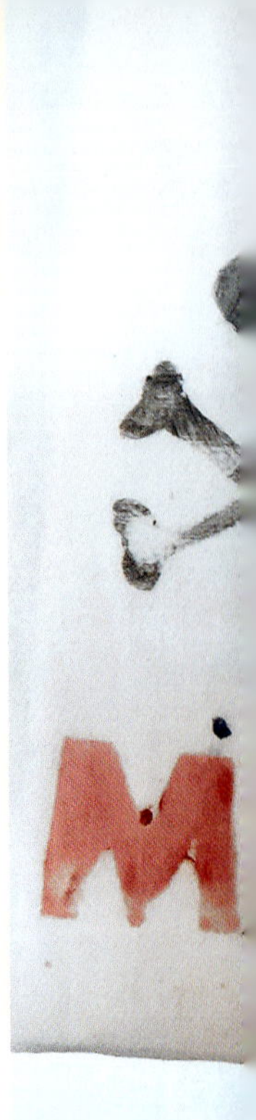

Als meine Kinder im Kindergarten waren, kamen sie oft freudestrahlend mit irgendwelchen knallbunten Bastelsachen nach Hause. Ich mochte weder die (gekauften) Materialien noch die Farben, war aber natürlich trotzdem sehr stolz auf meine Kleinen. Und selbstverständlich mussten die Kunstwerke auch überall aufgestellt werden, damit sie jeder gebührend bewundern konnte.

Als Grafikerin fing ich an, mir Gedanken über Farben, Formen und Materialien zu machen, überlegte, wie man ansprechendere Dinge basteln kann. In der Kita meiner Kinder machte ich ein kleines Druckprojekt, erzählte den Kids ein wenig über Farbenlehre und wir mischten erst einmal schöne, stimmige Farben zusammen – endlich mal nicht nur rot, gelb, blau. Damit bedruckten wir dann (mit selbst gebastelten Stempeln aus Korken und alten Bauklötzchen) Turnsäckchen aus heller Baumwolle. Und siehe da, die Kinder und auch die Eltern waren begeistert. Auch ich fand es toll zu sehen, mit wie wenig Mitteln man etwas Modernes und Ansprechendes schaffen kann. Schon ein paar andere Farben bewirken so viel.

TILDA

INHALT

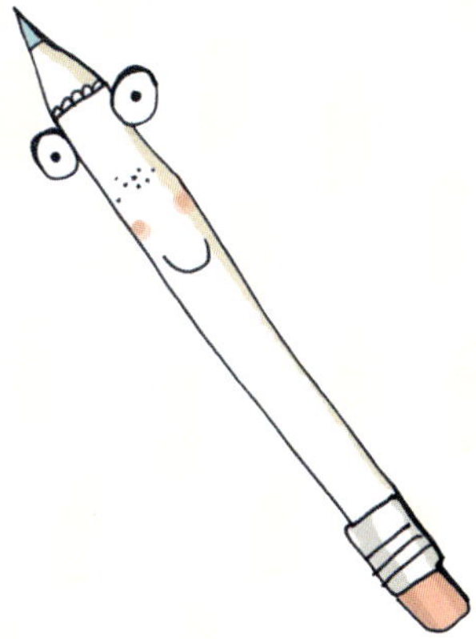

MATERIAL & TIPPS

Ich finde, in jede gute Bastelkiste gehört „Müll". Das hört sich vielleicht eigenartig an, aber mit vielen Dingen, die man normalerweise wegwirft, lässt sich kostengünstig und umweltfreundlich basteln – Stichwort „Upcycling". Außerdem können die Kinder nach Lust und Laune experimentieren, denn das Bastelmaterial ist weder knapp noch teuer eingekauft.

Wir sammeln nun schon seit Jahren immer wieder Kronkorken, Milchdeckel, Weinkorken, Blechdosen, Joghurtbecher, Knöpfe, Tetrapaks u. v. m. Dafür haben wir uns drei Kisten mit Materialien angelegt, was sich bestens bewährt hat.

In meinem Buch wird natürlich sehr viel mit „Abfall" gearbeitet. Wenn man ein paar Basics zuhause gesammelt hat und die Kinder aus dem Vollen schöpfen können, fordert das die Kreativität ungemein. Außerdem kann man praktisch immer basteln, und zwar etwas, das man gerne anschaut, das kostengünstig ist und zudem noch umweltfreundlich!

Ich würde mich sehr freuen dich zu inspirieren,
es auch einmal zu testen ...

Probiere es doch mal aus: Auf den „Abfall", fertig, LOS!

Wenn du regelmäßig Ideen & Inspirationen für Upcyclingprojekte haben möchtest, dann folge mir gerne auf Instagram:
www.instagram.com/skoy_me

Bastelkiste 1 – Müll:

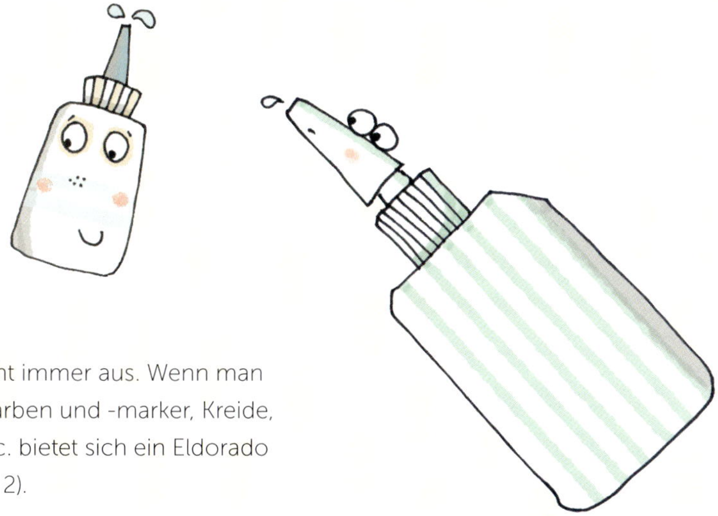

Diese Materialien allein reichen allerdings nicht immer aus. Wenn man sie allerdings ergänzt mit Washi Tapes, Acrylfarben und -marker, Kreide, Wasserfarben, Glitzerpulver, Klebepunkten etc. bietet sich ein Eldorado an Möglichkeiten (siehe Inhalt von Bastelkiste 2).

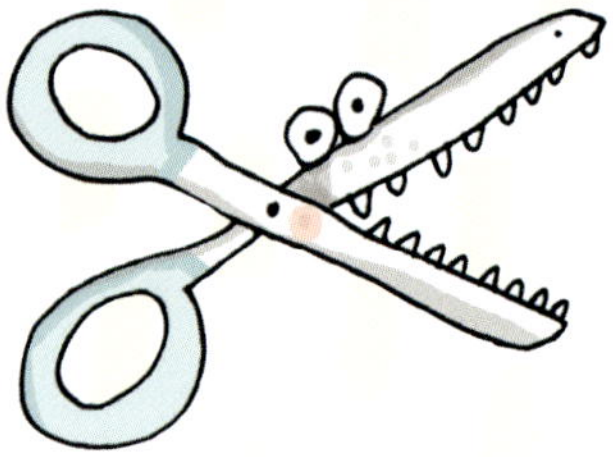

Bastelkiste 2 – gekauftes Bastelmaterial und Zubehör:

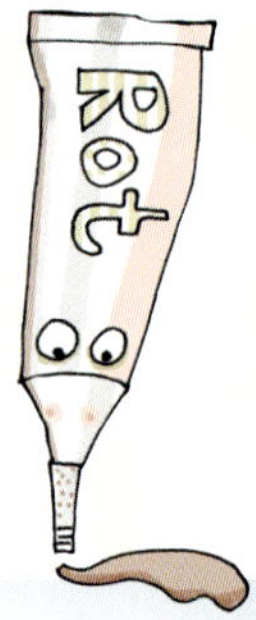

Wichtig sind mir auch Naturmaterialien. Beim Spazierengehen oder im Urlaub sammeln wir kleine Stöckchen, schöne Steine, Blätter (zum Pressen und Bemalen), Eicheln, Kastanien, Blüten, Muscheln etc. – eben alles, was Wiese, Wald oder Strand Tolles bieten (siehe Inhalt von Bastelkiste 3).

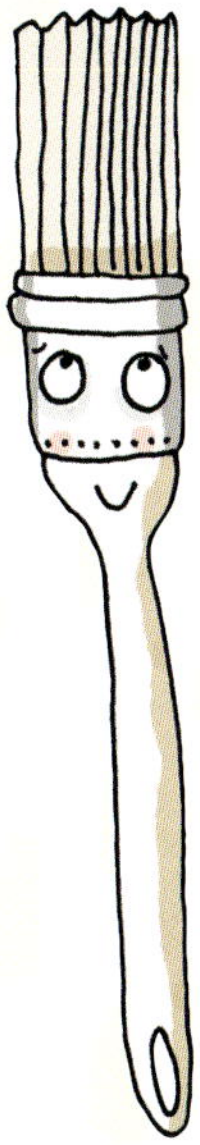

Bastelkiste 3 – Naturmaterialien:

Ein Tipp vorweg: Damit die Kinder gleich mit dem Basteln loslegen können und nicht warten müssen, bis etwas getrocknet ist, malen wir z.B. an Regentagen zwischendurch gesammelte Stöckchen an, lassen sie trocknen und geben sie mit in die Bastelkiste. Auch andere Materialien bereiten wir so vor, etwa Tetrapaks oder Kartonreste.

DOSEN, TETRAPAK & CO.

TETRAPAK-LÖWEN-VASE

Roooaaar – ~~M~~BRüll doch mal ... Ein leerer Tetrapak, etwas Farbe, Karton- & Wollreste ..., mehr brauchst du nicht für diese tierische Löwen-Vase. Ein dekorativer Hingucker für jedes Kinderzimmer, der nicht nur mit Löwenzahnfüllung cool aussieht.

Das brauchst du

- Garn-, Woll- und Stoffreste in Gelbtönen
- Acrylfarben
- Kleber
- Filzstift schwarz
- Pinsel
- leerer Tetrapak (z.B. Milchkarton)
- 4 Weinkorken
- Schere
- Kartonreste
- weiße Klebepunkte (optional)
- ein Stück weißes Papier

So wird's gemacht

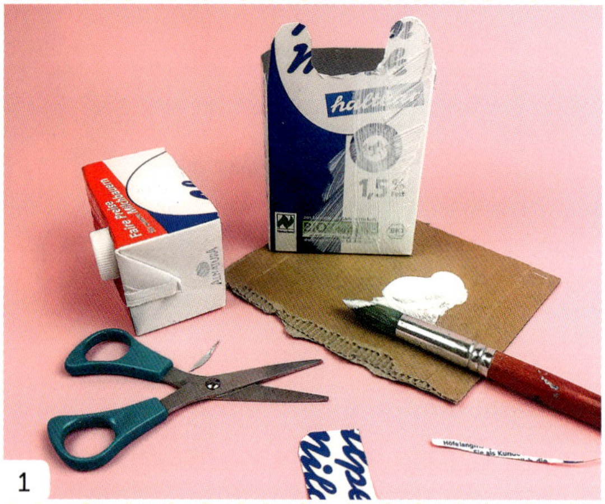
1

2

1 Trenne die obere Hälfte deines Tetrapaks mit einer Schere ab und schneide rechts und links Ohren hinein. Achte darauf, dass die Rückseite etwas kürzer ist als die Vorderseite, damit man sie später von vorne nicht sieht. Grundiere deine ausgeschnittene Verpackung dann mit weißer Acrylfarbe und lass diese trocknen.

2 In der Zwischenzeit bemalst du die Korken mit gelber Acrylfarbe. **Tipp:** Wenn du keine schmutzigen Finger bekommen möchtest, kannst du die Korken auf Schaschlikspieße oder Zahnstocher aufspießen und sie so besser halten beim Anmalen.

3 Schneide dir nun 2 Streifen deines Kartons ab, bemale ihn und knicke einen ca. 1,5 breiten Streifen, als Klebefläche, nach hinten um. Schneide deine Woll- und Stoffreste in dünne Streifen und beklebe die breite Seite deines Kartons damit.

3

4

4 Dann bastelst du dem Löwen ein Gesicht. Hierfür nimmst du ein Stück deines Kartons und malst kleine Flächen mit Acrylfarbe an (z.B. rot, grün und schwarz). Bepinsle nun auch den grundierten Tetrapak mit gelber Acrylfarbe.

5 Wenn alles getrocknet ist, schneidest du Mund, Schnurrhaare, Nase und Bäckchen aus und legst dir alles zurecht. Klebe die 4 bemalten Korken als Beine von unten an deinen Tetrapak.

6 Nun kannst du die Mähne und die einzelnen Gesichtsteile auf deinen Tetrapak-Löwenkopf kleben. Für die Augen verwendest du die Klebepunkte (oder du schneidest sie aus einem Stück Papier aus).

7 Da dein Löwe von innen ja wasserdicht ist, kannst du ihn nun mit Wasser befüllen und mit deinen Lieblingsblumen schmücken.

KAKTEEN IN DOSEN

Ach herrje ... wer pikst denn da? Diese kleinen grünen Kreaturen sehen nicht nur sehr dekorativ auf der Fensterbank aus, sie sind sogar auch noch äußerst pflegeleicht. Ihre Spaghetti-Stacheln sehen zwar sehr piksig aus, können dich aber nicht wirklich verletzen.

1

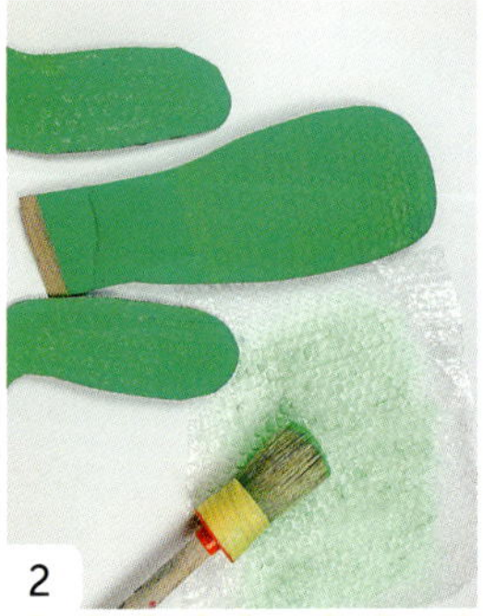

2

3

4

Das brauchst du

- verschiedene Klebepunkte
- Steinchen zum Befüllen
- Farbe (z.B. Acrylfarbe)
- dicker Pinsel
- Pompons und Borten zum verzieren (optional)
- Spaghetti
- Konservendose
- Filzstifte
- Schere
- Kleber (transparent trocknend)
- Karton (Stücke von Versandkartons)
- Geschenkpapierreste oder buntes Papier
- ein Stück Luftpolsterfolie

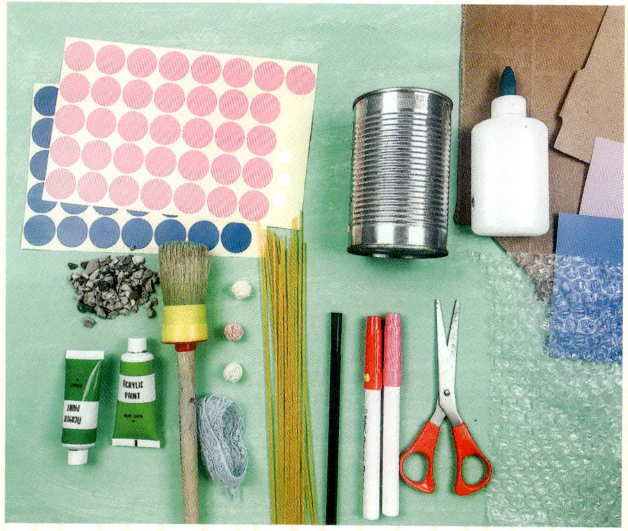

Tipp: Die Klebepunkte kannst du auch aus farbigem Papier ausschneiden und aufkleben.

So wird's gemacht

1 Bepinsle deine Kartonreste mit grüner Farbe und lass sie gut trocknen. Schneide dann einen Kaktuskörper und verschiedene Kaktusarme aus.

2 Bepinsle ein Stück Luftpolsterfolie mit einem anderen Grünton und drücke die Folie auf die Kaktusteile, damit ein Punktemuster entsteht.

3 Klebe nun die Arme von hinten an den Kaktusbauch. Mit den Klebepunkten und Filzstiften kannst du dann ein Gesicht gestalten. Streiche den Kaktus mit einem transparent trocknenden Kleber ein und verteile deine in Stücke gebrochenen Spaghetti-Stacheln darauf.

4 Nimm deine Dose und dein buntes Papier zur Hand. Miss die Höhe deiner Dose und schneide einen passenden Streifen Papier ab. Klebe diesen um deine Dose herum fest. Wenn du möchtest, kannst du die Dose noch mit Borten und Pompons verzieren.

5 Damit dein Kaktus auch stabil steht, klebe ihm von hinten noch einen Verlängerungsstreifen Karton an.

6 Stecke deinen fertigen Kaktus nun in deine Dose und befülle diese mit den kleinen Steinchen. So ein kleiner stacheliger Kerl eignet sich auch wunderbar als Geschenk.

5

6

LOVE
MOM

DOSEN-ELEFANT

Tööörööööööö ... Hier kommt ein elefantastischer Blumengruß.
Suchst du nach einer Idee für ein witziges, selbst gemachtes Geschenk? Wie wäre es mit Elefanten-Blumentöpfen. Egal ob zum Abschied, zum Muttertag oder zum Geburtstag. So ein kleiner Dosen-Elefant passt doch für jeden Anlass, oder?

Das brauchst du

- Acryl- oder Kreidefarbe
- eine leere Konservendose
- 4 Weinkorken
- ein Pappteller
- etwas Wellpappe (ist oft als Füllmaterial in Versandkartons)
- Heißklebepistole
- Pinsel
- Schere
- schwarzer Stift
- 4 Kronkorken
- weiße Klebepunkte (optional)

So wird's gemacht

1

2

3

1 Löse das Etikett einer Konservendose ab und wasche sie gründlich aus. Trockne sie gut ab und bestreiche sie gleichmäßig mit Kreide- oder Acrylfarbe.

2 Schneide zwei Dreiecke aus dem Pappteller aus und runde die Ecken ab. Bemale sie ebenfalls mit Farbe. Das werden später die Ohren des Elefanten.

3 Bemale nun auch die Kronkorken und einen Streifen der Wellpappe mit Farbe.

4 Während Rüssel (Wellpappe), Füße (Kronkorken) und Ohren (Pappteller) trocknen, kannst du noch die Beine deines Elefanten anmalen (Korken).

5 Schneide nun die hintere Ecke der Elefantenohren ab und knicke ein Stück nach hinten um, damit du eine Klebefläche hast.

6 Klebe die Ohren dann mit Hilfe der Klebepistole seitlich an deiner bemalten Dose fest.

7 Klebe dann die Kronkorken an die getrockneten Weinkorken. Diese klebst du dann von unten an die Dose.

8 Wenn du weiße Klebepunkte hast, kannst du diese als Augen aufkleben. Ansonsten kannst du auch zwei Kreise aus Papier ausschneiden. Den Rüssel klebst du mit der Heißklebepistole so fest, dass er über sich den oberen Dosenrand wölbt.

9 Du kannst deinen Elefanten nun als Blumenvase, Übertopf oder auch zur Aufbewahrung von Stiften benutzen.

4

5

6

7

8

9

FROSCH-TETRAPAKS

Party-Mitgebsel-Tüten aus Tetrapak. Froschtüten mit buschigen Augenbrauen und Schürzchen ... wo gibt's denn sowas? Bei dir natürlich auf deiner nächsten Party! Du kannst die Frösche aber natürlich auch wunderbar als Geschenkverpackung benutzen.

Das brauchst du

- Wasserfarben
- Tetrapak
- Kleber
- Pinsel
- Schere
- Lochstanzer
- Pfeifenputzer
- wasserfeste Marker
- Klebepunkte in weiß
- Musterklammern
- Tassenuntersetzer aus Papierspitze

So wird's gemacht

1 Spüle den Tetrapak gut aus und trockne ihn von innen. Dann schneidest du das obere Stück weg und rundest den Rand ab. Nun ziehst du die Beschichtung des Tetrapaks vorsichtig ab.

1

2 Male den Karton anschließend mit Wasserfarben in verschieden Grüntönen an. Klappe den oberen Teil der Verpackung komplett um. Klappe einen Teil davon wieder zurück und schneide zwei Rundungen für die Augen hinein.

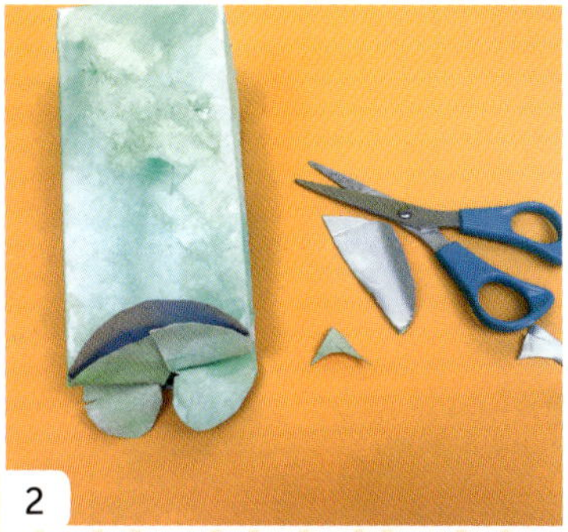
2

3 Stanze nun mit dem Lochstanzer 2 Nasenlöcher hinein und bemale den Innenteil mit einem roten, wasserfesten Marker. **Tipp:** Wenn du keinen Stanzer hast, nimm einfach eine Spitze Schere.

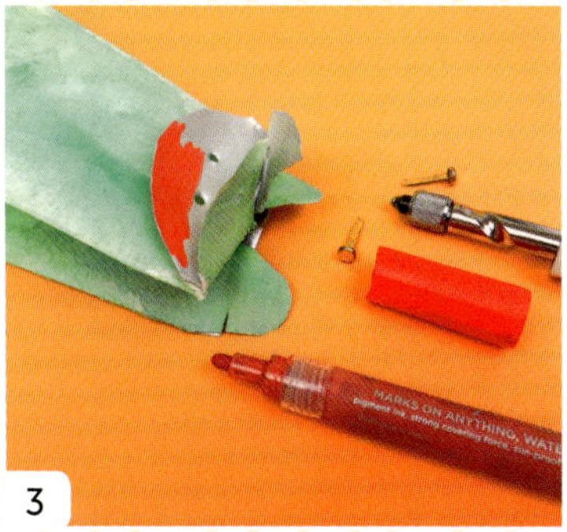
3

Nun kannst du die Tüten mit kleinen Geschenken oder Süßigkeiten befüllen. Verschließe das Tütchen mit den Musterklammern. Klebe den Fröschen noch die Augenbrauen, Klebepunkte als Augen und halbierte Papierspitzen an. Schreibe oder stemple die Namen auf die Schürzen … Viel Spaß beim Feiern, deine Gäste werden Augen machen!

PAPPMACHÉ-
HUND

Wuff wuff! ... Universell einsetzbarer Schreibtischhund (z.B. für Stifte, Pinsel, oder kleine Snacks, etc.). Unser kleiner gelber Dackel macht sich doch wirklich gut auf dem Schreibtisch. Er freut sich über jeden Inhalt.

Das brauchst du

- alte Schüssel
- evtl. alten Pürierstab oder Einweghandschuhe (optional)
- Pinsel
- Kreppband
- kleine Pompons
- Washi Tape
- Stifte
- Acrylfarben
- Schere
- etwas Tapetenkleister
- 4 Milchdeckel
- eine alte Zeitung
- Eierkarton oder zerknülltes Zeitungspapier
- Konservendose
- Heißklebepistole
- etwas Wasser

So wird's gemacht

1

2

1 Zerkleinere das Zeitungspapier in kleine Stücke. Du kannst es entweder zerreißen oder auch schreddern. Gieße etwas Wasser zu den Papierschnipseln, bis sie bedeckt sind und lass das Ganze ca. 10 Minuten einweichen.

2 Knete nun alles gut durch, bis ein grauer Brei entsteht, gieße das überschüssige Wasser weg und gib ein wenig Kleister dazu. Am besten ziehst du dir dazu Einweghandschuhe an. Falls du einen alten Pürierstab hast, kannst du die Papiermasse auch pürieren.

3 Schneide aus einem alten Verpackungskarton Ohren und Kreise für die Augen aus.

4 Beklebe die Konservendose nun mit Kreppband, denn so haftet die Papiermasse besser an der Dose. Nimm ein Stück Eierkarton oder geknülltes Zeitungspapier, forme eine Nase und befestige sie ebenfalls mit dem Kreppband. Vergiss nicht, auch die bereits ausgeschnittenen Augen und Ohren mit Kreppband zu bekleben.

3

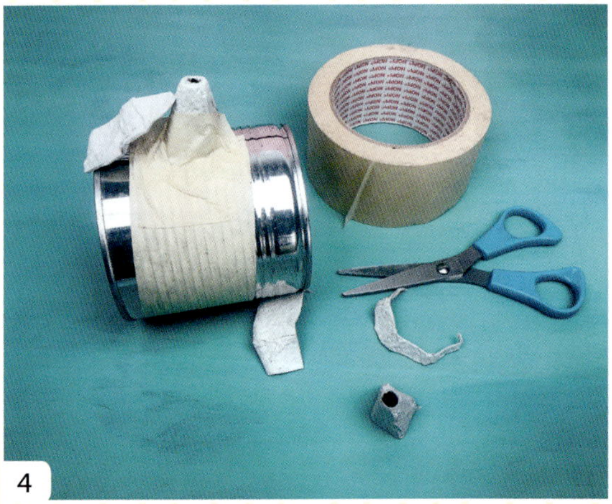

4

5

6

7

8

5 Jetzt darfst du das Pappmaché an die Dose quetschen, das macht mega Spaß. Achte darauf, dass die Masse mit dem unteren Rand abschließt.

6 Gib auch Papiermasse auf die Ohren und Augen deines Tieres. **Tipp:** Wenn du Pappmaché übrig hast, fülle es in ein leeres Schraubglas. Im Kühlschrank ist es so einige Tage haltbar.

7 Lass nun alles trocknen, das dauert ca. einen halben Tag. Dann kannst du deinen Hund mit deinen Lieblingsfarben anmalen.

8 Klebe die ganzen Einzelteile an den bemalten Hundekörper. Nimm 4 Milchdeckel (oder auch Kronkorken) und klebe sie mit einer Heißklebepistole von unten an die Dose.

Super gemacht! Nun kannst du deinem Schreibtischhund noch einen tollen Namen geben und ihn nach Lust und Laune befüllen. Unser Hund heißt übrigens Gustav.

KUNSTSTOFF, GLAS, NATUR & CO.

MASKEN-HEINI

Gestatten: Masken-Heini! Zur Aufbewahrung von Masken, Schmuck und allem Möglichen. So ein stummer Diener ist ganz schön praktisch, er bewahrt kleine Dinge zum Aufhängen für dich auf.

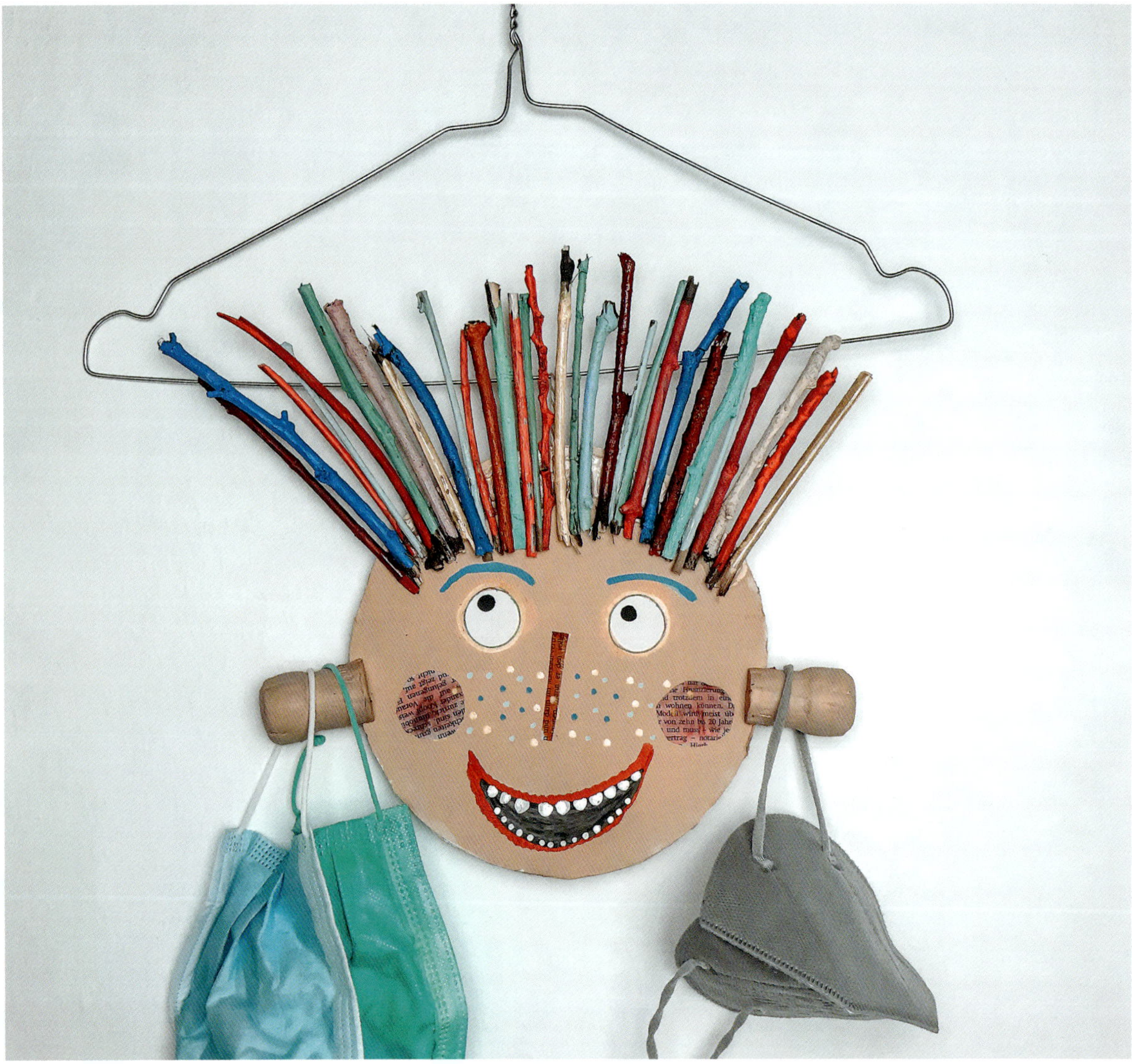

Das brauchst du

- Teller
- 2 Sektkorken
- Cutter
- Pinsel
- Filzstifte
- Washi Tape
- Bleistift
- gesammelte Holzstöckchen
- Schere
- ein Stück Karton (z.B. von einer Verpackung)
- Acrylfarbe
- 2 Klebepunkte (optional)
- Bastelkleber oder Heißkleber

So wird's gemacht

1 Nimm einen großen Teller zur Hand, umfahre ihn mit dem Bleistift, sodass ein Kreis entsteht und schneide diesen aus. Mische dir eine schöne Farbe und bemale damit sowohl den Pappkreis als auch deine beiden Korken.

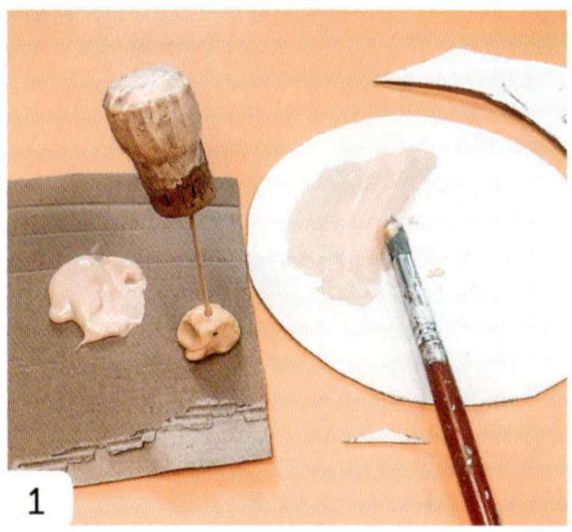

1

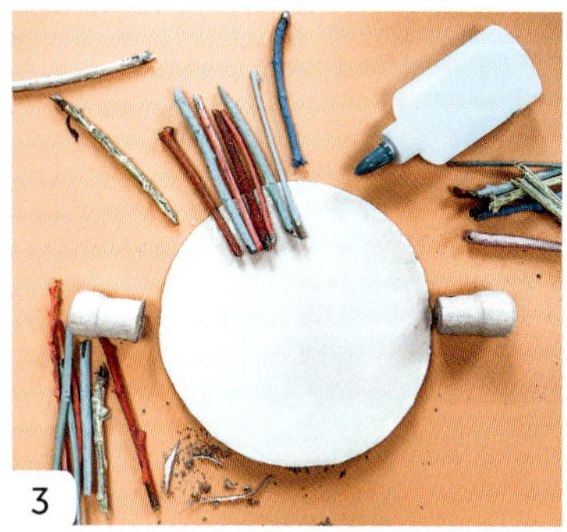

3

2 Während Pappkreis und Korken trocknen, nimmst du dir eine Unterlage, breitest deine gesammelten Stöckchen aus und malst sie bunt an.

3 Hole dir nun Hilfe eines Erwachsenen und lasse dir, mit dem Cutter, jeweils eine Kerbe in den Korken schneiden. Stecke dann die Korken rechts und links an den Kreis und klebe die bemalten Stöckchen mit Bastelkleber fest.

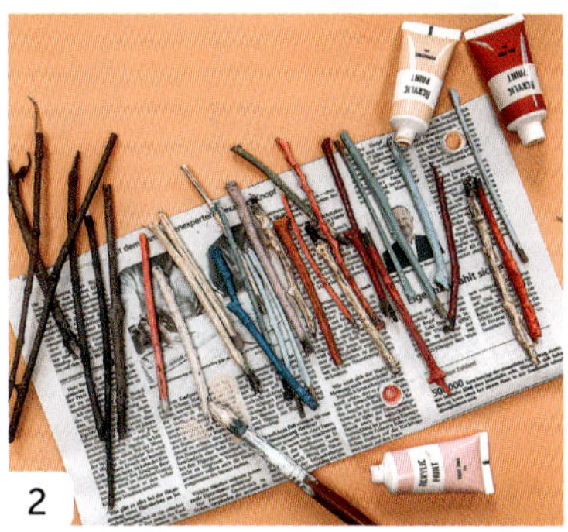

2

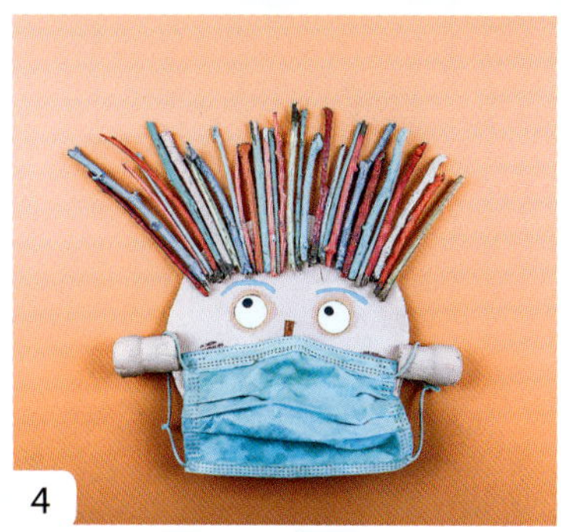

4

4 Nun braucht dein Heini nur noch ein freches Gesicht und schon ist er Einsatzbereit.

PARTY-TRINKGLÄSER

Party-Trinkgläser mit integriertem Insektenschutz. Damit auf deiner Party jeder Gast sein eigenes, cooles Trinkglas bekommt, kannst du die Gläser im Vorfeld vorbereiten. Sammle leere Olivengläser, male sie bunt an und lege Papierstrohhalme und Klorollen bereit.

Das brauchst du

- Kleber
- Acrylfarben
- mehrere leere Klorollen
- leere, längliche Schraubgläser (z.B. von Oliven)
- Filzstifte oder Acrylmarker
- Papierstrohhalme
- Pinsel
- Wäscheklammern
- Schere

So wird's gemacht

1 Entferne das Etikett der Schraubgläser, spüle sie gut aus, trockne sie ab und bemale sie mit Acrylfarbe. Lass die Farbe trocknen und trage dann eine zweite Farbschicht auf, so wird die Farbe deckender und intensiver.

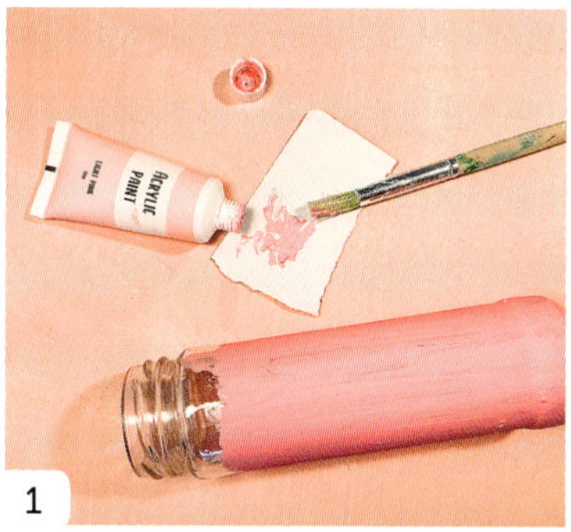

1

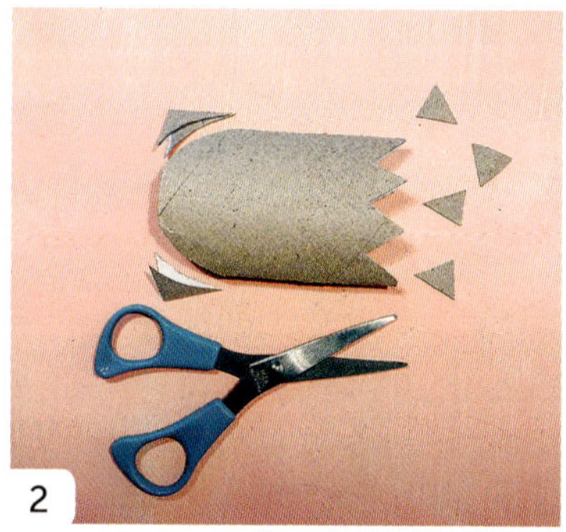

2

2 Nimm eine Klorolle, drücke sie etwas platt und runde den unteren Teil ab, schneide oben z.B. Zacken für eine Krone oder eine Frisur hinein.

3 Bemale dein Klorollengesicht wie du möchtest. Du könntest z.B. auch Tierköpfe malen. Wenn die Gesichter von deinen Gästen bemalt werden, eignen sich am besten Filzstifte oder Acrylmarker, denn diese trocknen schneller als normale Acrylfarbe.

Klebe den oberen Bereich des Kopfes zu und fixiere ihn zum Trocknen mit Wäscheklammern. Bohre am Mund ein kleines Loch mit der Schere durch die eine Hälfte der Klorolle, knicke deinen Papierstrohhalm ein wenig ab und stecke ihn von innen durch das Loch. Zum Schluss steckst du das Gesicht auf das Glas auf.

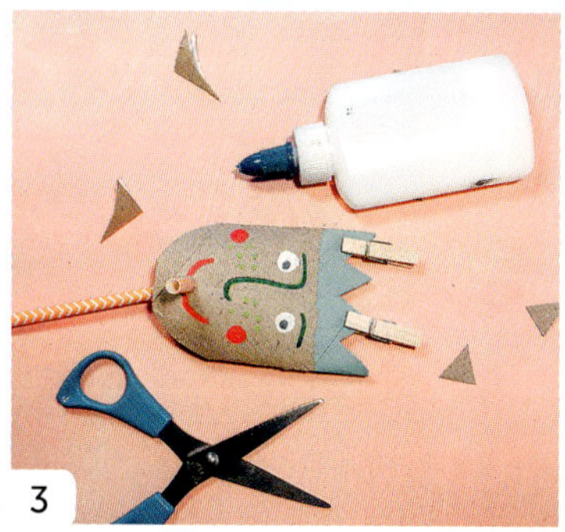

3

Tipp: Schmeiße die Schraubdeckel nicht weg, sondern hebe sie für eine andere Bastelaktion auf!

GLÄSER MIT TIERDECKELN

Tierisch coole Krims-Krams-Aufbewahrer. Viel zu schade für den Altglas-Container, findest du nicht auch? Sammle doch ein paar Schraubgläser und mach dir deinen eigenen kleinen Zoo. Dort kannst du deinen ganzen Kleinkram aufbewahren.

Das brauchst du

- leere Schraubgläser mit Deckeln (von Essiggurken, Jogurt, Marmelade, etc.)
- Wasserfarben
- Teigrolle
- lufttrocknende Modelliermasse in weiß
- Pinsel
- Wäscheklammern
- Kleber
- Filzreste
- Filzstifte oder besser Acrylmarker
- Schere

Tipp: Wenn du keine Teigrolle hast, kannst du z.B. auch eine Flasche zum Ausrollen verwenden.

So wird's gemacht

1 Forme eine Kugel mit deiner Modelliermasse, drücke sie platt und walze sie aus. Der ausgewalzte Kreis sollte etwas größer sein, als der Deckel deines Schraubglases.

2 Lege nun die modellierten Kreise auf deine Deckel und drücke die Masse gut fest. Schlage sie um, drücke auch die Ränder gut fest und schneide die überstehende Modelliermasse einfach mit einer Schere ab.

3 Forme kleine Kügelchen und drücke sie mit dem Daumen platt (das werden Augen und Bäckchen). Rolle eine kleine Wurst mit den Händen und drücke auch diese platt, das wird die Löwennase. Forme so auch die Schweinenase und den Schnabel. Schneide dir die Filzreste, wie auf dem Bild, zurecht.

4 Bemale dann deine modellierten Deckel mit Wasserfarben. Lass sie vorher aber gut trocknen und benutze nur wenig Wasser, sonst reißt die Modelliermasse. Bemale auch deine Bäckchen, Nasen und Augen. Hierfür kannst du die Marker verwenden.

5 Wenn alle Teile richtig gut getrocknet sind, ordnest du alles auf deinen Deckeln an und klebst alles mit Kleber fest.

6 Die Vogelflügel faltest du in der Mitte und bestreichst die obere Hälfte mit Kleber. Damit sie beim Trocknen nicht abfallen, befestigst du sie am besten mit Wäscheklammern am Deckel.

1

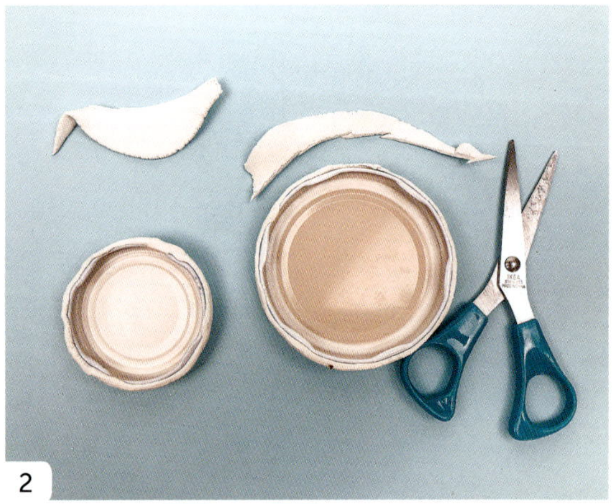
2

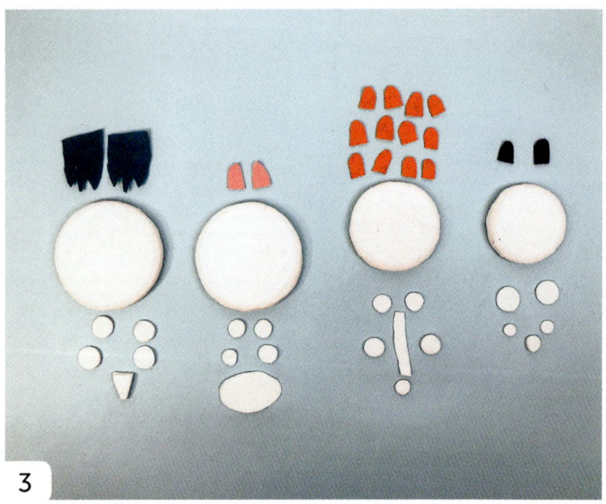
3

4

5

6

GUTE-NACHT-LICHT

Schlaf gut, kleine Eule. Mit einem kleinen leuchtenden Freund am Nachttisch schläft und träumt es sich gleich viel besser. Unser freundliches Kerlchen ist absolut umweltbewusst und beschützt dich sogar vor schlechten Träumen.

Das brauchst du

- Heißklebepistole
- Schraubglas mit Deckel
- ein Stück bunte Pappe oder Papier
- Borte zum Verzieren (optional)
- Bastelkleber
- batteriebetriebenes Teelicht
- Pinsel
- Wäscheklammer
- leerer Quarkbecher
- Federn
- farbige Marker
- etwas Dekoschnee
- Schere
- Getränkedeckel

So wird's gemacht

1 Bestreiche ein Schraubglas großzügig mit Bastelkleber. Streue ein wenig Kunstschnee auf eine Unterlage und rolle das Glas hin und her, damit die gesamte Klebefläche mit Schnee bedeckt ist. **Tipp:** Du kannst auch Muster mit dem Kleber auf dein Glas malen und mit dem Kunstschnee bedecken.

2 Während der Kleber trocknet, schneidest du den oberen Rand deines Bechers ab und schneidest ihn alle 1,5 cm ein. Runde dann die entstandenen Ecken etwas ab.

3 Biege die Rundungen deines Bechers nach außen und klebe das Glas mit Heißkleber auf den Becher. Klebe dann die Federn seitlich fest. Du kannst sie vorher auf ein Stück Pappe kleben, so kannst du sie besser anordnen.

4 Beklebe nun den Schraubdeckel mit den Milchdeckeln und male ihm ein Gesicht. Klebe die Wäscheklammer von hinten an den großen Deckel. Achte darauf, dass die zu öffnende Seite nach unten zeigt. Klammere dann den Deckel an deinem Glas fest und verziere dieses evtl. mit einer Borte. Stelle nun das elektrische Teelicht ins Glas … und träum was Schönes.

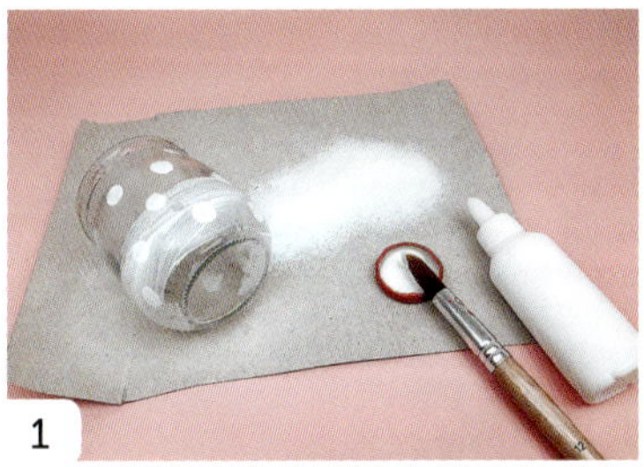

1

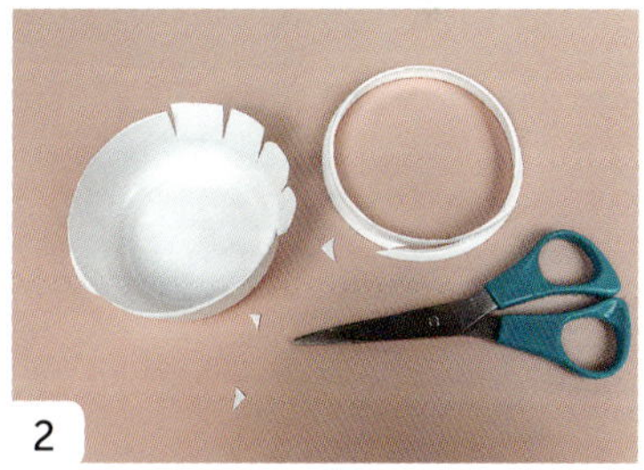

2

3

4

PET-FISCH

Blubb blubb blubb. Witziges Kinderzimmer-Türschild aus einer PET-Flasche: Hättest du gedacht, dass dieser Fisch einmal eine Einwegflasche war? Es ist doch immer wieder erstaunlich, was man aus „Müll" so alles basteln kann.

Das brauchst du

- Klebepunkte (optional)
- Acrylfarben
- Klebeband
- ein Stück Schnur
- leere PET-Flasche
- Pinsel
- Kartonrest
- Milchdeckel
- Schere
- Heißkleber

So wird's gemacht

1 Spüle die PET-Flasche gut aus und löse das Etikett ab. Schneide dann das hintere Stück so ab, dass es wie ein eingeschnittenes Dreieck aussieht und klebe die Ränder mit dem Heißkleber zusammen. Lass dir evtl. von einem Erwachsenen hierbei helfen.

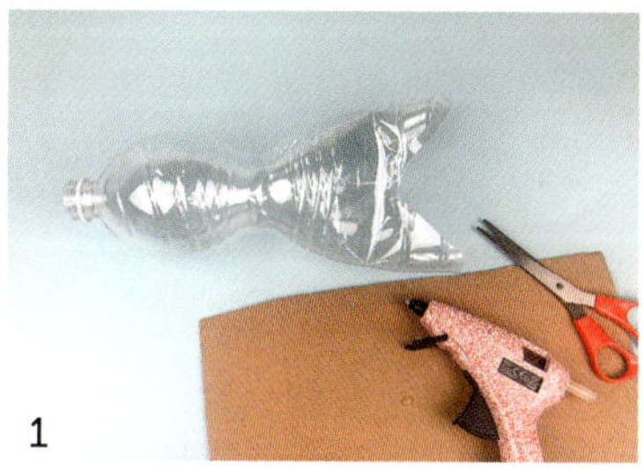

1

2

2 Mische dir deine Lieblings-Acrylfarben zusammen und bemale den Fischkörper.

3 Schneide nun aus dem Reststück der Flasche Flossen aus und zwar so, dass das Plastik doppelt ist, klebe die beiden Plastikflossenteile mit dem Heißkleber zusammen und bemale auch diese.

4 Wenn deine Flasche fertig bemalt und getrocknet ist, klebst du die schwarzen Punkte auf die Milchdeckel (du kannst sie aber auch malen) und klebst die Augen und die Flossen fest. Dann schneidest du ein Stück Karton aus, schreibst deinen Namen drauf und klebst es von hinten mit Klebeband an deinen Fisch.

Tipp: Wenn du magst kannst du deinen Fisch natürlich auch noch mit Glitzer und Pompons dekorieren.

3

4

ALTPAPIER, KARTONRESTE & CO.

ZEITUNGS-PÜPPCHEN

Kleine Püppchen aus Zeitungspapier. Mit kleinen Stöckchen und etwas Altpapier kann man nichts basteln? Und ob ... schau dir doch mal diese netten kleinen Kerlchen an. Du kannst sie zum Spielen, als Dekoration oder sogar als Tischaufsteller für Namenskärtchen verwenden.

Das brauchst du

- Filzstifte oder Marker in verschiedenen Farben
- Eierkarton
- Kleber
- alte Zeitung
- Klebepunkte (optional)
- Acryl- und Wasserfarben
- kleine Stöckchen
- Pinsel
- Garn und Nadel
- Schere
- Filzreste

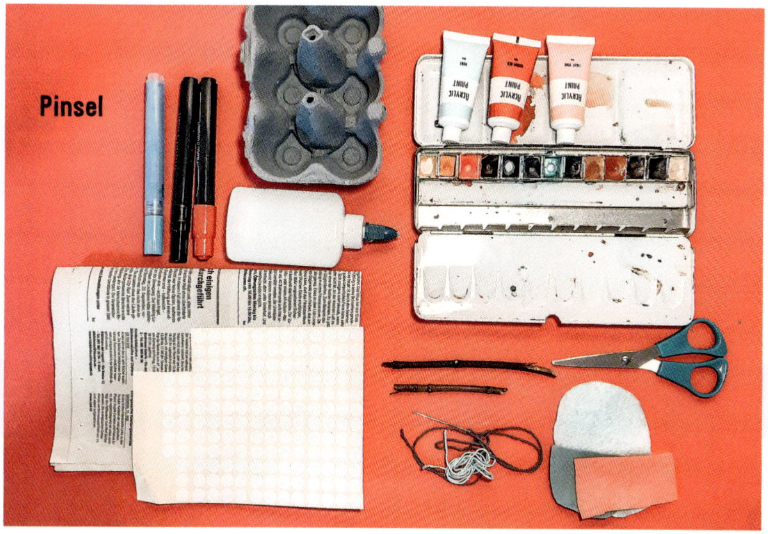

So wird's gemacht

1 Bemale ein Stück alte Zeitung mit Wasserfarbe und lass sie trocknen. Wenn du mehrere Püppchen basteln willst, bemale am besten mehrere Zeitungsblätter mit unterschiedlichen Farben.

2 Misch dir deine Lieblingsfarben aus Acrylfarbe und bemale auch deine kleinen Stöckchen. Schneide dann Kreise aus der getrockneten Zeitung aus. Da du pro Gesicht 2 Kreise benötigst, nimmst du sie am Besten doppelt.

3 Mit einfachen Heftstichen nähst du dann beide Zeitungskreise zusammen. Bevor du den Kreis ganz zunähst, befüllst du den Kopf mit Füllmaterial das du findest. Das können Wollreste, Luftpolsterfolie oder auch zerknüllte Zeitungsstücke sein.

4 Schneide witzige Frisuren aus den Filzresten und klebe sie von hinten an den Kopf. Befestige zwei Stöckchen mit Garn so aneinander, dass ein Kreuz entsteht und klebe es ebenfalls von hinten an den Kopf. **Tipp:** Wenn du es mit Heißkleber anklebst, dauert das trocknen nicht so lange.

5 Aus dem Eierkarton kannst du deinen Puppen nun noch die passenden Kleider zuschneiden. Bohre dazu oben ein kleines Loch hinein. Durch das neue Kleid, kann deine Puppe stehen.

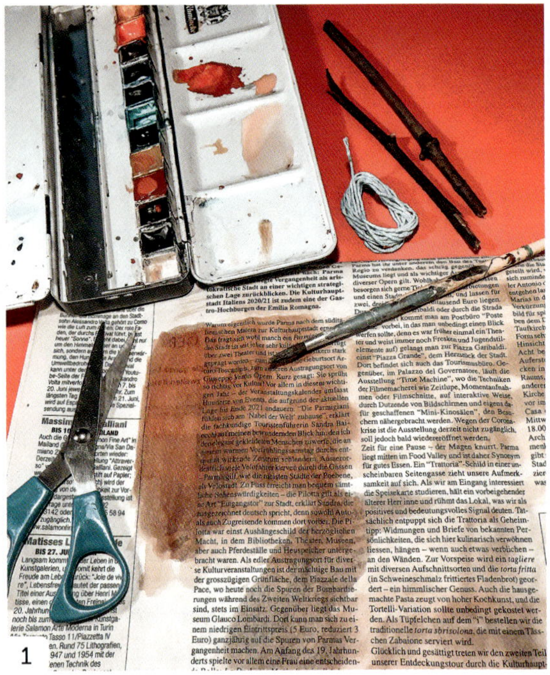

1

2

3

5

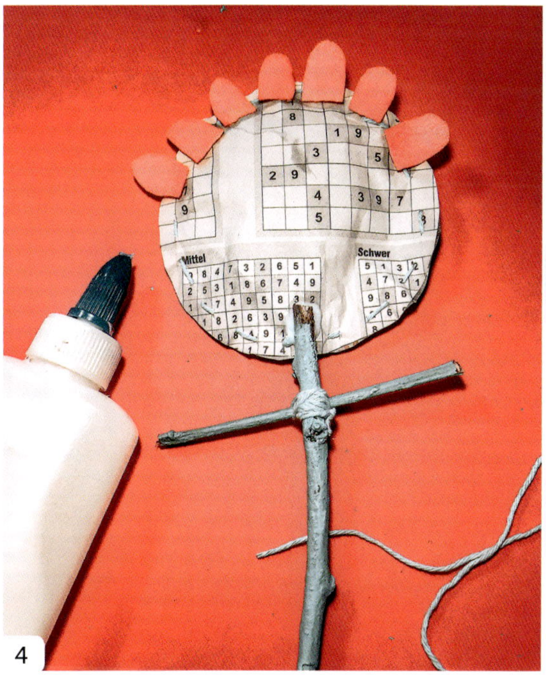
4

HAMPEL-
HASE

Ein kleiner blauer Hampel-Hase, hängt an meiner Wand ... ein Faden ist zum Ziehen dran, dann hebt er Ohr und Hand! Der Hampel-Hase aus Verpackungskarton ist ganz leicht gebastelt. Du kannst natürlich auch dein Lieblings-Hampel-Tier basteln, der Hampel-Mechanismus ist der Gleiche.

Das brauchst du

- Lochzange
- Bastelzange
- Holzkugel
- 2 Kronkorken
- Wollreste oder Schnur zum Aufhängen
- Schere
- Pinsel
- leere Verpackungskartons
- Musterklammern
- Acrylfarbe
- Filzstift oder Marker
- Bastelkleber
- gemustertes Papier (z.B. Geschenkpapierreste)

So wird's gemacht

1 Breite den Verpackungskarton auf einer Unterlage aus. Mische dir deine Lieblingsfarbe zusammen und grundiere den Karton damit. Lass die Farbe trocknen.

2 Wenn die Farbe getrocknet ist, schneide die Einzelteile aus (Kopf, Bauch, Ohren, Arme, Nase und kleine Kreise für die Füße. Wenn es dir leichter fällt, dann male dir die Einzelteile auf, bevor du sie ausschneidest).

3 Stanze nun jeweils 2 Löcher in Ohren, Kopf, Bauch und Arme (wie abgebildet) und verbinde die Einzelteile mit den Musterklammern. Klebe die beiden Kreise mit Bastelkleber am unteren Teil des Bauches fest.

4 Schneide dann die Bäckchen und die Innenohren aus dem gemusterten Papier aus. Biege im Anschluss die Ränder der Kronkorken mit der Zange nach hinten um, das werden die Augen.

5 Stanze jeweils 1 Loch an den äußeren Rand der Ohren und Arme (wie abgebildet). Verbinde zuerst die beiden Ohren und dann die beiden Arme mit einer Schnur und verknote diese jeweils. Im Anschluss knotest du eine lange Schnur, zum Ziehen, in die Mitte. Hier bindest du eine Holzkugel dran.

1

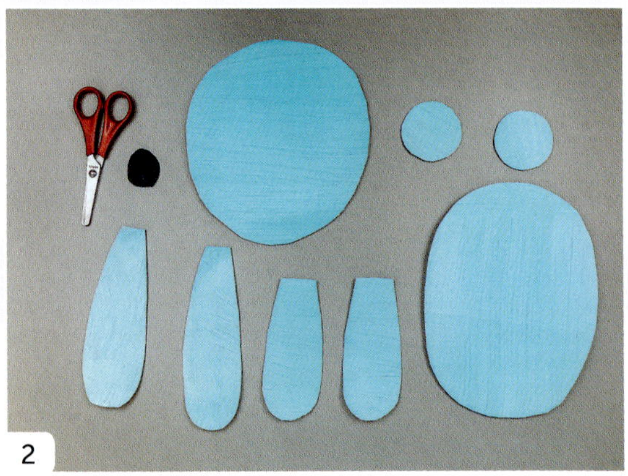
2

3

4

5

WICKEL-BIENCHEN

Summm, summm, summm, Bienchen summm herum ... Die Wickel-Bienchen zu basteln ist sehr meditativ und als Deko sehen sie wirklich zauberhaft aus. Findest du nicht auch?

Das brauchst du

- Wollreste
- Bastelkleber
- ein Reststück Verpackungskarton
- Marker
- Schere
- Nähgarn
- Nadel
- weiße Klebepunkte
- Mini Pompons
- alte Plastiktüte

So wird's gemacht

1 Schneide ein Oval aus dem Karton aus und umwickle es mit verschiedenfarbigen Wollresten und verknote sie auf der Rückseite. Achte darauf, dass du das vordere Stück des Kartons nicht umwickelst.

2 Schneide ein Oval aus einer alten Plastiktüte aus, ungefähr in der Größe deiner Biene. Klebe deinem Bienchen von hinten auch noch ein dreieckiges Kartonstück als Stachel an.

3 Nun schneidest du mittig noch zwei Dreiecke in das Oval der Plastiktüte und machst deiner Biene ein hübsches Gesicht. Fädle ein Stück Wolle durch die Umwickelung und fädle kleine Pompons als Füße daran.

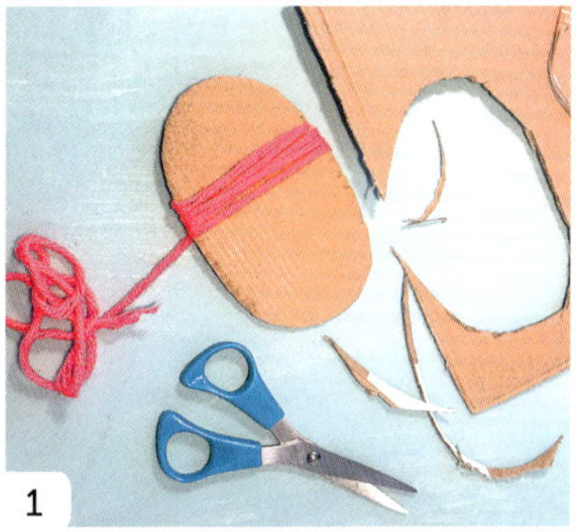

1

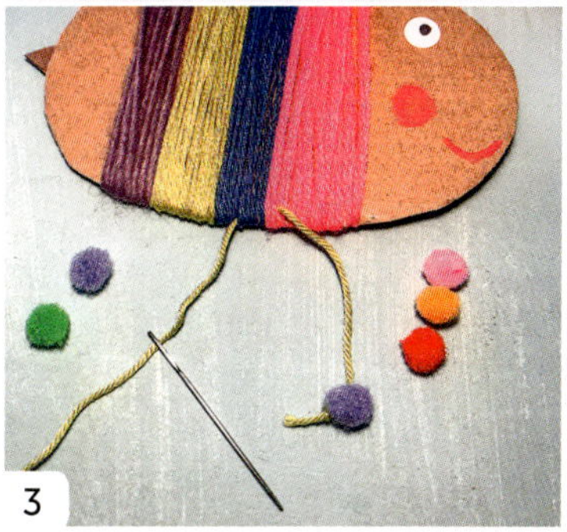

3

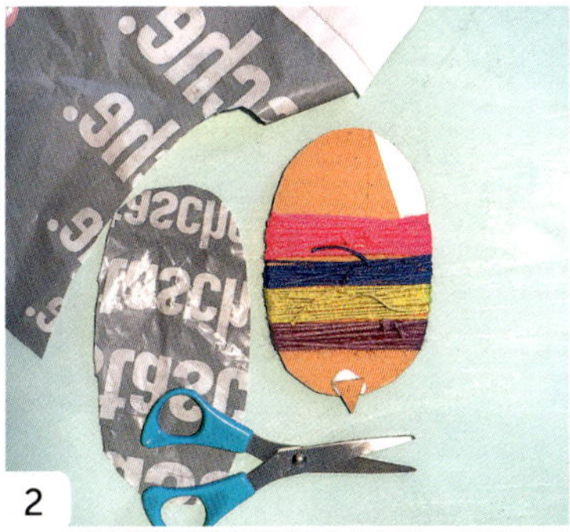

2

4

4 Falte den Plastikflügel ein wenig und schiebe ihn unter ein Stück gewickelte Wolle.

Wenn du Lust hast, dann bastle noch mehr Bienchen und hänge sie an einem Stock auf.

Heute
ist ein
toller Tag

BLUMEN-KULI

Kleine schreibende Blumenfreunde. Mit einem selbst gebastelten Blumen-Kuli macht das Schreiben bestimmt gleich doppelt so viel Spaß, probiere es doch mal aus. Das ist auch eine witzige Idee zum Verschenken, sozusagen 2 in 1 ... Blume und Stift in einem.

Das brauchst du

- alte Zeitung
- Schere
- Pompons
- Kleber
- Heißklebepistole
- Wackelaugen
- WashiTape
- Eierkarton
- Kuli-Nachfüllminen (gibt's z.B. im Schreibwarenladen)
- Papier-Strohhalme
- verschiedene Farben deiner Wahl (egal ob Acrylfarbe, Wasserfarbe, Filzstifte, ...)
- Pinsel

So wird's gemacht

1 Bemale ein Stück Tageszeitung ganz bunt mit Farbe.

2 Schneide nun eine der Vertiefungen aus dem Eierkarton heraus und längliche Blütenblätter aus der bemalten Zeitung. Bepinsle dann dein Eierkarton-Schälchen mit Kleber und bringe die Blütenblätter der Reihe nach an.

3 Beklebe den Eierkarton so von innen und außen mit den Papierblättern.

4 Beträufle den Papierstrohhalm mit etwas Heißkleber und stecke ihn in deine Blüte. Umwickle den Übergang mit etwas Washi Tape. Stecke die Kulimine dann in die andere Seite des Strohhalmes und befestige sie ebenfalls mit etwas Heißkleber.

5 Beklebe dann einen Pompon mit den Wackelaugen und mach ihm z.B. ein Gesicht aus Wollresten. Befestige den Pompon nur in der Blüte.

1

2

3

4

5

KARTENHALTER-MONSTER

Mooonstermäßig witzige Kartenspiel-Helfer. Bestimmt kennst du das auch. Kleine Hände können nicht so viele Karten halten wie große. Designe einfach deine eigenen Monster-Kartenhalter, die dir und deinen Freunden helfen dieses Problem zu lösen.

Das brauchst du

- verschiedene Klebepunkte
- mittelgroßen Deckel oder Glas zum Umranden
- Handbohrer oder Prickelnadel
- Kleber
- bunte Acrylmarker
- schwarzer Filzstift
- Musterklammern
- Schere
- deckende Farben (z.B. Acryl- oder Temperafarben)
- Reste von Versandkarton
- kleines Stück weißes Papier

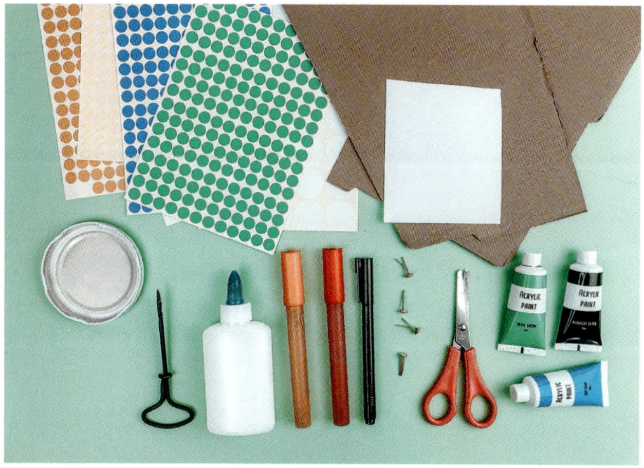

So wird's gemacht

1 Nimm dir ein Stück Pappe (z.B. ein Stück Versandkarton), zeichne mit Hilfe eines Deckels, oder eines Trinkglases zwei Kreise auf und schneide diese aus. Wenn dein Monster z.B. Hörner haben soll, malst du diese an einen deiner Kreise.

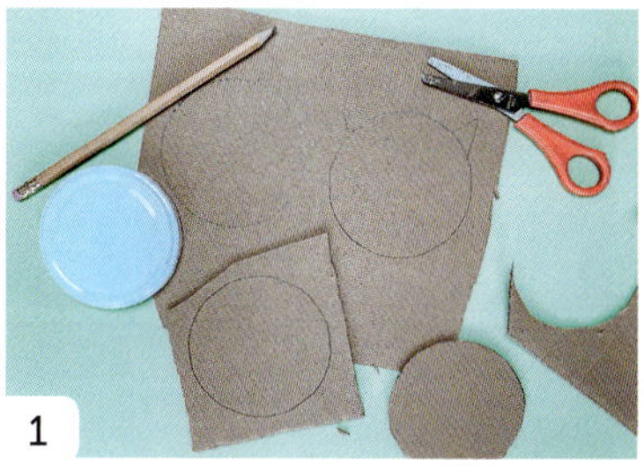

1

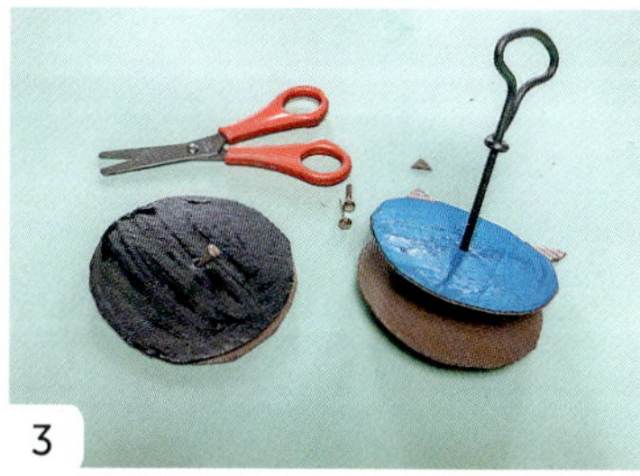

3

2 Bemale die ausgeschnittenen Kreise mit Farbe und lass sie trocknen. Pro Kartenhalter benötigst du zwei Kreise.

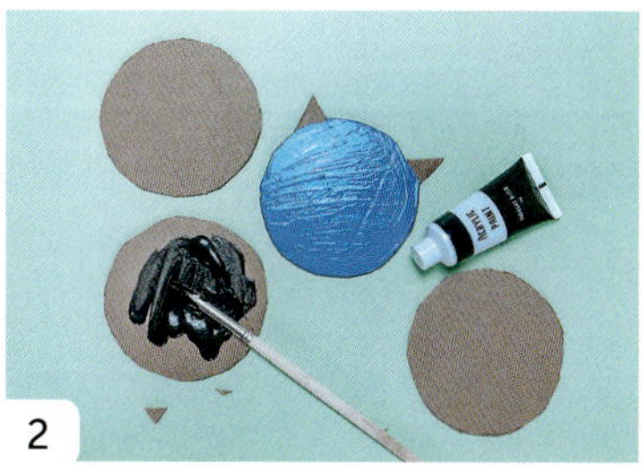

2

4

3 Durchbohre deine Kartenhalter nun in der Mitte mit einem Handbohrer oder einer Prickelnadel. Stecke die Musterklammer durch beide Kreise und biege die langen Enden auseinander.

4 Überlege dir schon mal, wie deine Monster aussehen sollen und mach dir verschiedene Skizzen. So fällt es dir leichter deine Ideen umzusetzen.

5 Beklebe und bemale nun die Monstergesichter. Monsterzähne kannst du aus weißem Papier ausschneiden.

5

DECKEL, KORKEN & CO.

STIMMUNGS-UHR

Bist du gerade glücklich, stinksauer oder müde ...? Bastle dir doch deine eigene Stimmungs-Uhr. Mit dieser an der Kinderzimmertür kannst du deine ganze Familie vorwarnen, in welcher Stimmung du dich gerade befindest, bevor sie dein Zimmer betreten.

Das brauchst du

- einen großen Teller
- ein Stück Versandkarton
- kleine, weiße Klebepunkte
- Wollreste oder Kordel
- 7 mittelgroße Schraubdeckel
- 1 Musterklammer
- Schere
- Acrylfarben
- Heißkleber
- Pinsel
- Bleistift
- schwarzer Filzstift
- Pompons (zwischen den „Deckelgesichtern")

So wird's gemacht

1 Lege den Teller auf den Karton, umrande ihn mit Bleistift, sodass du einen großen Kreis hast. Male diesen mit der Farbe deiner Wahl an, lass ihn trocknen und schneide ihn aus.

2 Bemale die Deckelinnenseiten mit Farbe und mache dir ein paar Skizzen, von den Gesichtern, die du auf deinen Deckeln haben willst.

3 Schneide dir einen Pfeil aus einem Stück Karton aus und bemale ihn, oder beklebe ihn mit Washi Tape. Bohre sowohl in die Kreismitte ein kleines Loch als auch in die hintere Mitte deines Pfeils und befestige diesen mit einer Musterklammer.

4 Nun kannst du deine bereits skizzierten Stimmungsgesichter auf die Deckel malen. Die kleinen weißen Klebepunkte kannst du als Augen verwenden. Positioniere deine Deckelgesichter dann auf dem Kreis und klebe sie mit Heißkleber fest.

5 Wenn du auch noch eine Quaste an deine Uhr hängen möchtest, gehe folgendermaßen vor: Nimm ein kleines Stück Karton, schneide rechts und links einen halben Zentimeter ein, klemme ein ca. 10 cm langes Stück Wolle, in die eingeschnittenen Kerben. Umwickle dann den Karton der Länge nach mit Wolle.

1

2

6 Ziehe dann den eingeklemmten Wollfaden nach oben und verknote ihn fest. Schneide die umwickelte Wolle unten auf und schneide die Fäden auf die gleiche Länge ab. Nimm ein weiteres Stück Wolle und umwickle den oberen Teil der Quaste ganz fest und verknote es. Befestige die Quaste mit etwas Heißkleber an den unteren Uhrenteil.

3

4

5

6

KORKEN-KETTE

Cooler Modeschmuck ... selbst gemacht! Sieht schick aus als Kette oder als Namensanhänger für den Ranzen: Mit Korken kann man ganz wunderbar basteln. Bitte deine Eltern, sie für dich in einer Kiste zu sammeln. So hast du immer genügend Bastelmaterial zur Hand.

Das brauchst du

- Weinkorken
- verschiedene Perlen, evtl. auch mit Buchstaben
- Nadel
- Schere
- Handbohrer
- Washi Tape
- Filzreste
- Kordel oder dickes Garn
- evtl. alten Luftballon
- Pinsel
- Acrylfarbe oder andere deckende Farbe
- Stifte (Acryl- oder Filzstifte)

So wird's gemacht

1 Bemale den Korken in der Farbe deiner Wahl. **Tipp:** Wenn du ihn auf einen Zahnstocher spießt und in ein Stück Knete steckst, werden die Finger nicht schmutzig. Wenn die Farbe getrocknet ist, durchbohrst du den Korken mit Hilfe des Handbohrers.

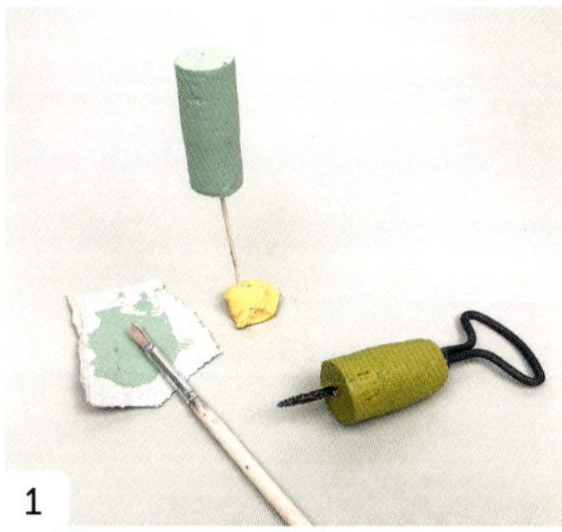
1

2

2 Fädle mit einer Nadel ein Stück Garn durch den Korken und male ihm ein Gesicht. Such dir ein paar hübsche Perlen oder Buchstaben aus und fädle sie auch mit auf.

3 Beklebe die Korken zusätzlich mit Filzresten oder Washi Tape. Oder du schneidest einen Luftballon auf, knotest ihn oben zusammen und setzt ihn dem Korken als Mütze auf. Bestimmt fallen dir noch viele witzige Ideen ein.

3

GESTEMPELTE GIRLANDE

Gestempelte Partygirlande aus alten Buchseiten. Vorfreude ist die schönste Freude. Damit deine Party ein voller Erfolg wird und du keinen Stress hast, beginne am besten rechtzeitig mit den Vorbereitungen. Die Girlande aus alten Buchseiten ist schnell gemacht und ein dekorativer Hingucker für deine Gäste.

Das brauchst du

- feste Schnur (z.B. Bäckergarn)
- Tesafilm
- Getränkeflaschen-Schraubdeckel
- Holzperlen
- Acryl- oder Plakatfarben
- Moosgummi
- Bastelkleber
- altes Buch
- Schere

So wird's gemacht

1 Für die Stempel schneide aus dem Moosgummi verschiedene Augen, Wimpern, Nasen, etc. aus und klebe sie mit Bastelkleber auf die Deckel. Wenn du nicht so lange warten möchtest, bis der Kleber getrocknet ist, kannst du auch Heißkleber verwenden.

1

2 Bereite dir am besten eine kleine Farbpalette vor. Nimm dazu ein Stück Pappe oder einfach eine der Buchseiten und gib verschiedenfarbige Kleckse darauf. Tunke deine Stempel dann in die Farben. Bevor du stempelst, solltest du die Farbe ein wenig auf einem Blatt abstreifen. Trenne dann ein paar Buchseiten heraus und runde sie unten ab.

2

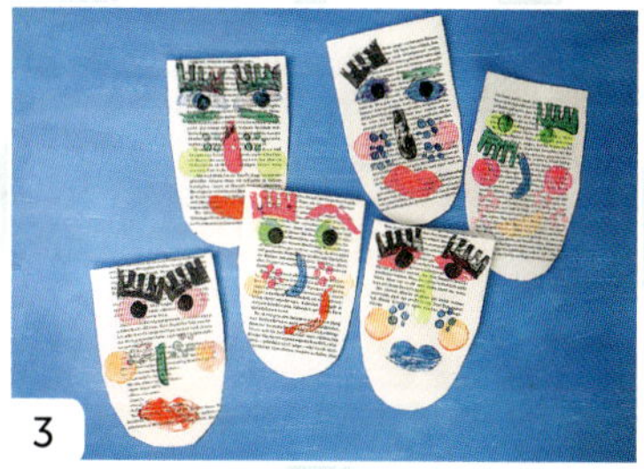

3

3 Knicke den oberen Rand ca. 1 cm nach hinten um und stemple die Buchseiten nun mit verschiedenen Gesichtern. Lass die Farbe gut trocknen.

4

4 Lege den umgeknickten Rand um ein Stück Garn und klebe ihn mit Tesafilm fest. Gehe genauso mit den anderen bedruckten Seiten vor. Besonders schön sieht es aus, wenn du zwischendurch auch ein paar Holzperlen auffädelst.

TORTEN-LADEN

Deckel-Torten selbst gebastelt. Werde zum Konditor und eröffne deinen eigenen Tortenladen oder „backsle" (bastle + backe) leckere und dekorative Deckel-Torten für deinen Kaufladen.

Das brauchst du

- Mini-Spitzenuntersetzer aus Papier
- Filz- & Wollreste
- verschieden große bunte Deckel
- bunte, kleine Pompons
- Acrylfarben
- Permanentmarker
- Kleber
- Schere
- ein Stück Pappe
- Pinsel
- Bleistift

So wird's gemacht

1 Sammle viele bunte Deckel und bemale die Deckel, die dir farblich nicht gefallen mit Acrylfarbe.

2 Mach dir Tortenuntersetzer, indem du einen größeren Deckel mit Bleistift umrandest, ausmalst und ausschneidest.

3 Schnipple aus Wollresten, Papierresten oder Haushaltsgummis kleine bunte Streusel zum Verzieren.

4 Klebe nun deine bemalten und bereits getrockneten Deckel aufeinander, verziere sie mit Streuseln und Pompons und stelle sie auf die Tortenuntersetzer.

1

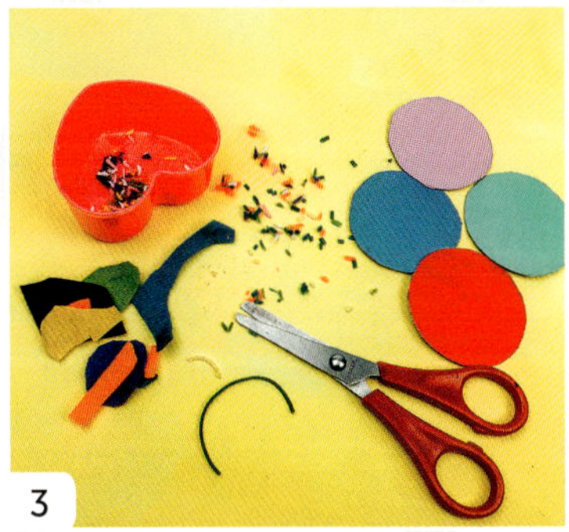
3

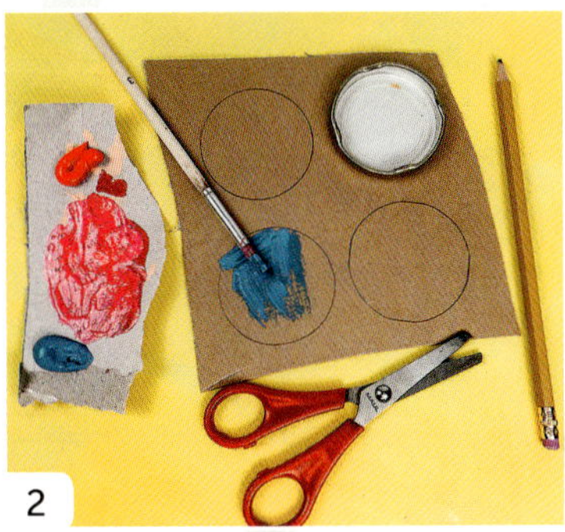
2

4

CD-KREISEL

Dreh dich, bunter Kreisel. Aus einer alten CD und einer Murmel kannst du ganz einfache und wunderbar bunte Kreisel kreieren. Bastle doch mehrere Kreisel, zusammen mit deinen Freunden, dreht sie alle auf einmal und schaut, welcher sich am Längsten dreht.

Das brauchst du

- Heißklebepistole
- Murmel
- Getränkeflaschen-Schraubdeckel
- Kleber
- alte CD
- bunte Washi Tapes
- evtl. weiße Klebepunkte
- Schere
- Blatt Papier
- evtl. bunte Acrylmarker
- Bleistift

So wird's gemacht

1 Nimm dir ein Stück weißes Papier und umfahre die CD darauf mit einem Bleistift

2 Beklebe den Papierkreis mit Washi Tape und bemale ihn nach deinem Geschmack. Male auch den Schraubdeckel an, wenn du möchtest. Danach schneidest du deinen Papierkreis aus.

3 Klebe nun den ausgeschnittenen Kreis mit Bastelkleber auf die CD und durchbohre die Mitte des Papieres mit der Schere.

4 Von unten bringst du mit Heißkleber die Murmel an, von oben den Schraubdeckel. Fertig! Viel Spaß beim Kreiseln.

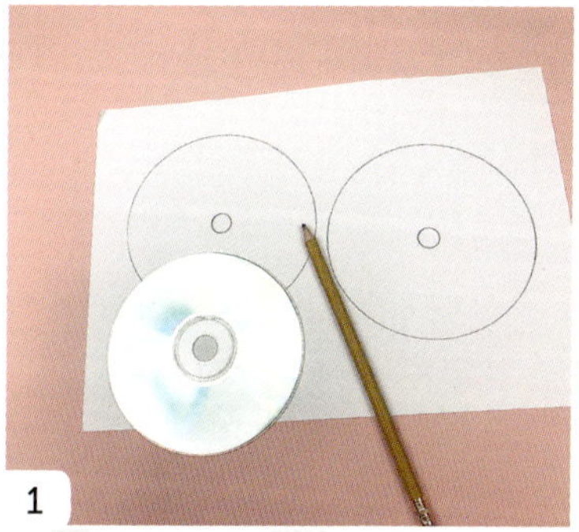
1

3

2

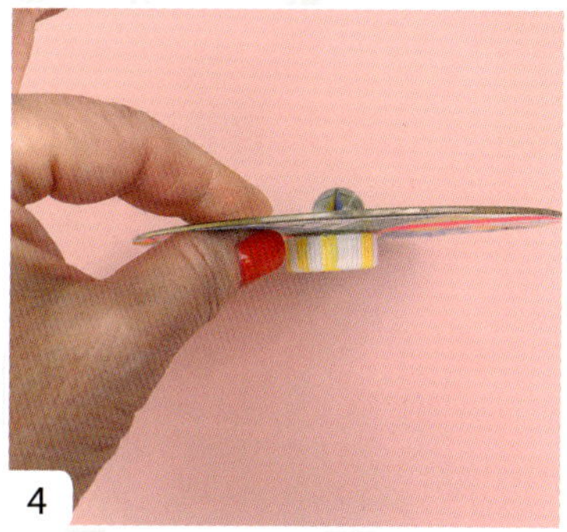
4

KLOROLLEN, EIERKARTON & CO.

TOTAL
OBER
MEGA
GEHEIM

GEHEIM-
NILPFERD

Gut getarntes Geheim-Versteck. Vertraue dem Nilpferd aus Eierkarton alle deine Geheimschätze an. Mit seinen großen Zähnen und seinem wachsamen Blick ist es ein toller Schätzebewacher.

Das brauchst du

- leerer Eierkarton
- Bastelkleber
- Schere
- Milchdeckel
- Acrylfarbe
- Filzreste
- Pinsel
- schwarzer, wasserfester Marker
- Heißkleber

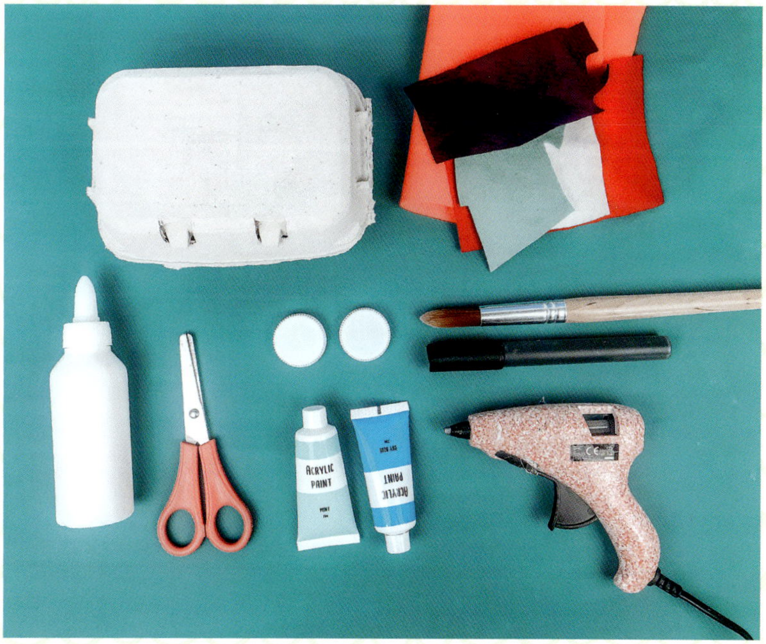

So wird's gemacht

1 Bemale deinen Eierkarton mit Acrylfarbe deiner Wahl. Schneide dann Wimpern aus den Filzresten aus und klebe sie von hinten an die Milchdeckel.

2 Lass den Eierkarton gut trocknen und schneide dann Bäckchen, Ohren, Nasenlöcher und Zähne aus dem Filz.

3 Bemale den Eierkarton nun auch auf der Innenseite. Schneide die herausragenden Spitzen ab und stecke sie, umgedreht wieder in die entstandenen Löcher.

4 Wenn die Farbe getrocknet ist, kannst du rechteckige Filzstücke zurechtschneiden, diese leicht einkerben und die Vertiefungen des Eierkartons damit auskleiden.

5 Nun kannst du die ganzen Gesichts-Einzelteile außen auf den bemalten Eierkarton kleben. Am besten benutzt du dafür die Heißklebepistole.

6 Jetzt ist dein Schatzkästchen bereit, mit geheimen Schätzen, Schmuck oder Bastelmaterial befüllt zu werden.

1

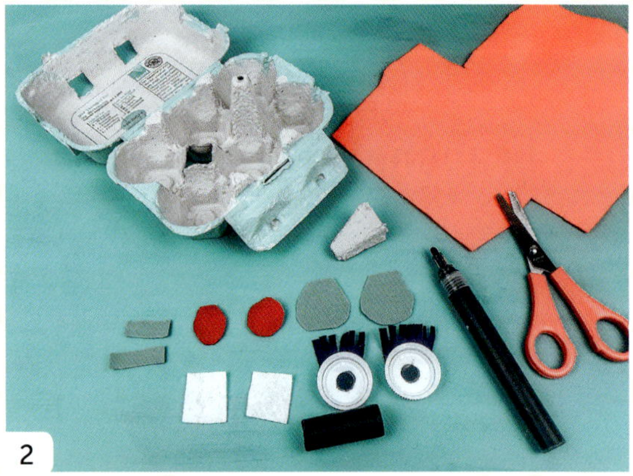
2

3

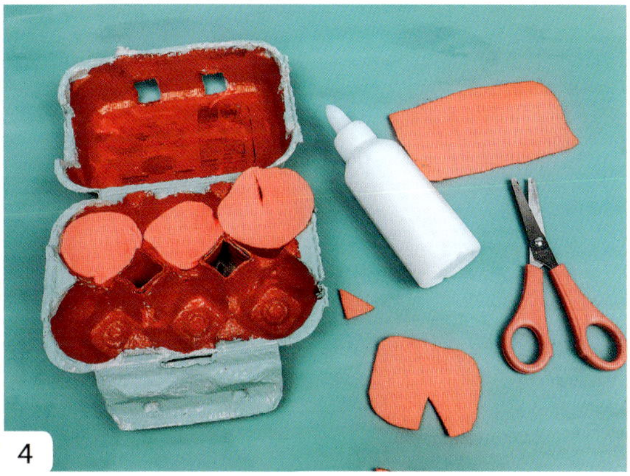

4

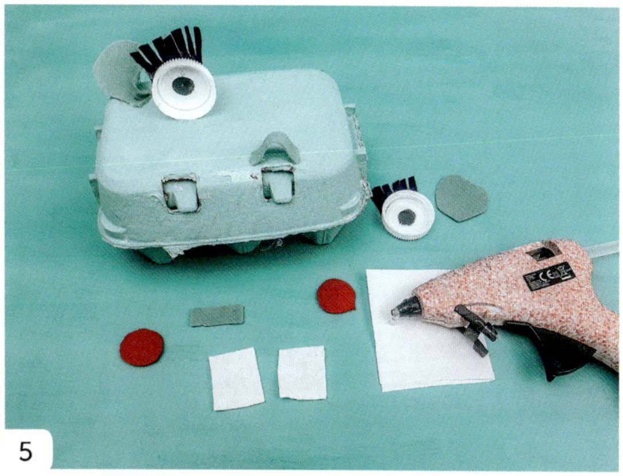

5

6

EIERKARTON-AMULETTS

Wertvoller Schmuck aus edelstem Material. Bring Eierkarton und Kronkorken zum Glänzen und kreiere, zusammen mit deinen Freunden ein schickes Freundschafts-Amulett in euren Lieblingsfarben.

Das brauchst du

- Pinsel
- Acryl- oder Wasserfarben
- Bastelzange
- Eierkarton
- etwas Wellpappe oder Holzperlen
- Garn- oder Wolle
- Kronkorken
- Schere
- Bastelkleber
- Perlenmarker, Perlen, Glitzer, etc. zum Verzieren

So wird's gemacht

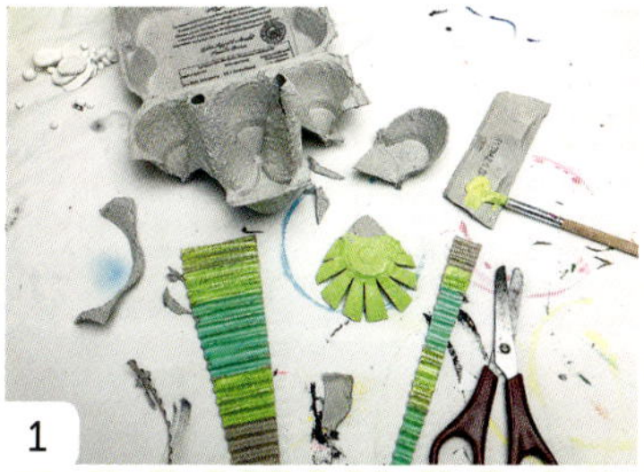

1 Schneide die Eckstücke aus dem Eierkarton heraus und bemale sie mit deiner Lieblingsfarbe. Schneide dir auch ein Stück Wellpappe zurecht, am besten ein ganz langes Dreieck, und male es ebenfalls bunt an.

2 Schneide die bemalten Eierkartonstücke mit der Schere ein, sodass „Strahlen" entstehen. Nimm nun eine Zange und biege die Zacken eines Kronkorkens um.

3 Bemale dann die Innenfläche des Kronkorkens. Bohre anschließend ein kleines Loch zum Auffädeln in den Eierkarton.

4 Bestreiche nun die bemalte Wellpappe mit Kleber und rolle sie auf. Am besten benutzt du dazu ein dünnes Ästchen, sodass eine Papier-Perle entsteht. Beginne zum Aufrollen mit der breiten Seite.

Nun kannst du dein Schmuckstück noch mit Glitzer, Perlenmarkern, Perlen, etc. verzieren und auffädeln.

Das „Rezept“ für den Kuchen
findest du übrigens auf Seite 70.

SERVICE AUS KLOROLLEN

Tischlein deck dich! Edles Kaffee-Service aus echten Klorollen gefertigt. Dieses schicke Service ist handbemalt und wurde aus teuerstem Porzellan ... äh, Klorollen hergestellt. Alle Puppen und Kuscheltiere bitte an den Tisch, es gibt Kaffee und Kuchen.

Das brauchst du

- Klorollen oder Küchen-papierrollen
- Deckel oder Glas (als Schablone)
- Bastelkleber
- ein Stück Verpackungskarton
- kleiner Pompon oder Perle
- Bleistift
- Pinsel
- evtl. Stupfpinsel (optional)
- Acrylfarbe
- Schere
- Stifte

So wird's gemacht

1 Nimm die Klorolle als Schablone und umfahre sie grob mit dem Bleistift. Schneide dann das obere Drittel einer Klorolle ab. Schneide nun an einer Seite ringsum jeden Zentimeter ein. Schneide ebenfalls den Kartonkreis aus.

2 Knicke die eingeschnittenen Klorollenstreifen um und klebe den Kartonkreis darauf Achte darauf, dass der Kreis nicht übersteht und schneide ihn evtl. noch etwas kleiner. Bemale dann die Klorollen wie du möchtest. Wenn die Farben leuchtend sein sollen, grundiere die Klorollen vorher mit weißer Farbe. Bemale auch das abgeschnittene Stück der Rolle, schneide es noch schmaler, denn das werden die Henkel.

3 Nimm dann das Stück Pappe und male es auch an. Zeichne mit Hilfe eines Glases oder eines Schraubdeckels Kreise darauf und schneide sie aus. Auch hier kannst du ein Muster draufstempeln oder -malen, wie du möchtest.

4 Für die Kaffeekanne nimmst du das ganze Stück der Klorolle oder einen Teil einer Küchenrolle. Knicke am oberen Rand ein Stück ein, damit du einen „Ausguss" hast. Für den Kannendeckel nimmst du einen Pappkreis, schneidest ein Eck heraus und klebst die Enden des Kreises zusammen, sodass ein Hütchen entsteht. Befestige noch den Pompon obendrauf ... Viel Spaß beim Kaffeekränzchen.

1

2

3

4

FLIEGEN-MEMOCLIPS

Wenn Fliegen hinter Fliegen fliegen … fliegen Fliegen Fliegen nach. Zum Glück können unsere dicken Brummer nur Botschaften und kleine wichtige Dinge festclipsen, sonst würden sie dir vermutlich ständig um den Kopf herumschwirren.

Das brauchst du

- Kleber
- eine Klorolle
- ein Stück Pappe (z.B. Versandkarton)
- kleine Wäscheklammern
- Acrylfarbe
- Acrylstift oder Marker (weiß)
- Filzstifte
- Deckel oder ein Stück Pappe zum Eintauchen
- Schere

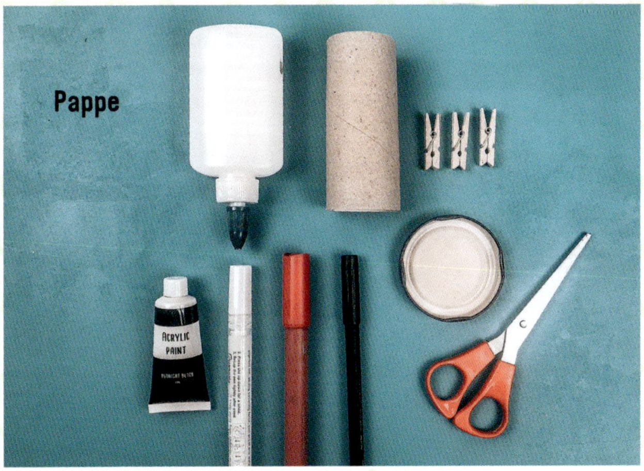

So wird's gemacht

1 Drücke die Klorolle seitlich etwas zusammen, sodass ein Oval entsteht. Gib dann einen Klecks schwarze Acrylfarbe in einen alten Schraubdeckel oder auf ein Stück Pappe, damit du deine Klorolle dort gut eintunken kannst. Achte darauf, dass sie gleichmäßig voll mit Farbe ist und stemple ein paar Fliegenkörper auf ein Stück Pappe. Wenn deine gestempelten Ovale getrocknet sind, kannst du mit einem schwarzen Filzstift Haare aufmalen. Male noch kleine weiße Kreise oben auf den Körper, das werden die Augen.

2 Nun malst du die Flügel mit dem weißen Acrylstift. Du kannst jeder Fliege anders gemusterte Flügel malen, wie du möchtest. Wenn alles getrocknet ist, schneidest du die einzelnen Fliegen grob aus.

3 Klebe dann die kleinen Wäscheklammern von hinten an den Fliegenkörper. Achte darauf, dass du sie so aufklebst, dass die zu öffnende Seite nach unten zeigt.

1

2

3

GOOD
FINE POINT
AP

STIFTE-
IGEL

Süßer Schreibtisch-Aufräum-Helfer. Dein Schreibtisch sieht chaotisch aus und du bastelst gerne? Dann ist unser süßer Stifte-Igel genau das richtige für dich! Probier`s doch mal aus.

Das brauchst du

- 3 leere Klorollen
- 1 Pappteller
- Filzstifte oder Acrylstifte (rot, weiß, schwarz)
- Acrylfarben
- Pinsel
- Schere
- Pompon
- Kleber
- Wäscheklammern
- ein Streifen dünner Karton (z.B. Müsliverpackung)
- gemustertes Papier oder Washi Tape (optional)

So wird's gemacht

1 Schneide den Pappteller in der Mitte durch. Klebe dann die 3 Klorollen aneinander und fixiere sie mit Wäscheklammern, damit sie nicht auseinanderfallen. Lass sie gut trocknen.

2 Mische dir ein schönes Grau oder auch gerne eine andere Farbe für deinen Igelkörper und bemale damit die beiden Papptellerhälften.

3 Wenn die Farbe getrocknet ist, schneidest du jeweils ein Stück vom Rand deiner Papptellerhälfte ab, sodass eine Igelnase entsteht. Beachte, dass die Pappteller später spiegelverkehrt aneinandergeklebt werden. Male kleine Striche als Stacheln mit dem Acrylmarker auf den Igelkörper und zeichne ihm ein hübsches Gesicht.

4 Schneide dann kleine Zacken in die Papptellerränder.

5 Jetzt klebst du einen Streifen des dünnen Kartons in der Breite und Länge deiner aneinander geklebten Klorollen, oben auf. Drehe das Ganze um (der Kartonstreifen dient als Boden) und bestreiche die Klorollen auch seitlich mit Kleber. Befestige dann deine beiden Igelhälften daran. Vergiss nicht dem Igel auf jeder Seite einen kleinen Pompon als Nase anzukleben.

6 Selbstverständlich kannst du auch andere Stiftehalter-Motive basteln. Wie wäre es z.B. mit einem Regenbogen. Bestimmt hast du auch ganz tolle eigene Motiv-Ideen.

1

2

3

4

5

6

KOPIERVORLAGE AUGEN

Augen erwecken jede Bastelei zum Leben. Deshalb habe ich für dich eine Augenvorlage erstellt, die du so oft kopieren kannst, wie du möchtest. Dann einfach ausschneiden und auf deine Bastelarbeit kleben.

Du kannst die Augen selber malen, Aufkleber benutzen, Wackelaugen verwenden, oder aber diese Kopiervorlage nutzen.

1

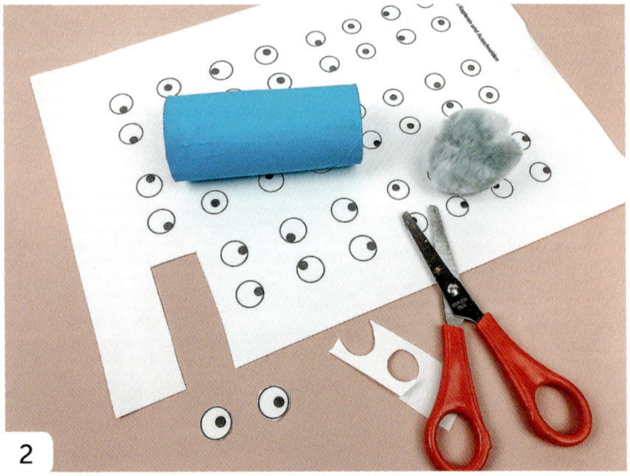
2

3

Hier noch eine kleine Express-Zusatz-Idee für dich:

1 Bemale eine Klorolle mit deckender Farbe und lass sie trocknen.

2 Kopiere die Augen-Vorlage, suche dir das gewünschte Augenpaar aus, schneide es aus und klebe es auf deine Klorolle.

3 Male der Klorolle noch ein Gesicht und beklebe sie mit Washi Tapes. Bastle einen Pompon aus Wollresten und setze ihn oben auf die Klorolle … fertig!

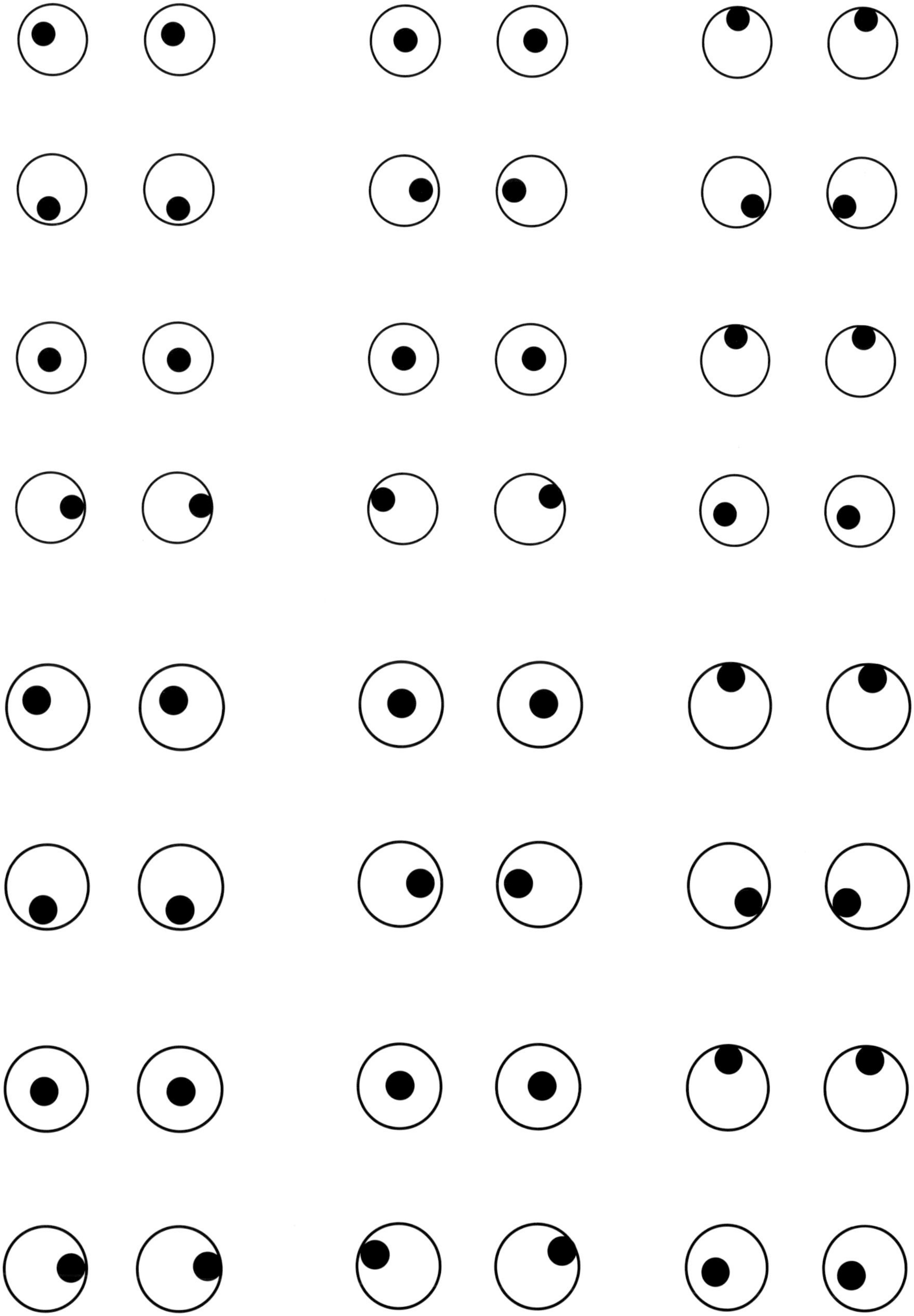

VITA

Hallo, ich bin Yvonne Skowronek, von Beruf bin ich Grafik-Designerin/Illustratorin und liiieeebe es, mit Kindern kreativ zu sein. Meistens tue ich dies mit den Grundschulkindern einer Münchner Montessori-Schule. Das ist auch der Ort, der mich am meisten inspiriert, denn Kinder haben oft die tollsten Ideen.

Am allerliebsten bastle ich mit Dingen, die eigentlich weggeworfen werden. Klorollen, Tetrapaks und Schraubdeckel sind meine absoluten Ober-Lieblingsmaterialien. Das Beste an diesen Materialien ist, dass man sie immer zu Hause hat, sie nichts kosten und es auch noch nachhaltig ist, mit ihnen zu basteln.

Mit meiner Familie (1 Mann, 2 Kinder, 1 Hund) lebe ich in München und sprudle meist fast über vor Ideen. Einige davon darf ich nun in meinem ersten Bastelbuch veröffentlichen, andere teile ich regelmäßig auf Instagram: **www.instagram.com/skoy_me** Wenn du keine Idee verpassen möchtest, dann folge mir gerne auf Instagram.

IMPRESSUM

Autorin: Yvonne Skowronek
Fotos, Illustrationen & Styling: Yvonne Skowronek
Produktmanagement: Svenja Wiglinghaus
Lektorat: Anna Maier
Korrektorat: Christiane Gsänger
Umschlaggestaltung: Irina von Feury
Layout & Satz: Silke Schüler
Repro: LUDWIG:media
Herstellung: Kathleen Baumann
Printed in Slovenia by Florjancic

★★★★★

Sind Sie mit diesem Titel zufrieden? Dann würden wir uns über Ihre Weiterempfehlung freuen. Erzählen Sie es im Freundeskreis, berichten Sie Ihrem Buchhändler oder bewerten Sie bei Onlinekauf. Und wenn Sie Kritik, Korrekturen, Aktualisierungen haben, freuen wir uns über Ihre Nachricht an: Christophorus Verlag, Postfach 40 02 09, D-80702 München oder per E-Mail an lektorat@verlagshaus.de

Bildnachweis: Muster im Hintergrund, passim: © MG Drachal/Shutterstock.com, © Magnia/Shutterstock.com

Die Deutsche Nationalbibliothek verzeichnet diese Publikation in der Deutschen Nationalbibliografie; detaillierte bibliografische Daten sind im Internet über http://dnb.de abrufbar.

ISBN 978-3-8411-0254-6

Kreativ-Service

Sie haben Fragen zu den Büchern und Materialien? Frau Erika Noll ist für Sie da und berät Sie rund um alle Kreativthemen. Rufen Sie an! Wir interessieren uns auch für Ihre eigenen Ideen und Anregungen. Sie erreichen Frau Noll per E-Mail: **kreativ-service@c-verlag.de** oder Tel.: +49 (0) 89 - 13 06 99 - 577.

Besuchen Sie uns im Internet: **www.christophorus-verlag.de** und **selbstgemacht.de**

Ebenfalls erhältlich ...

ISBN 978-3-8411-0244-7

ISBN 978-3-8411-0257-7

ISBN 978-3-8411-0258-4

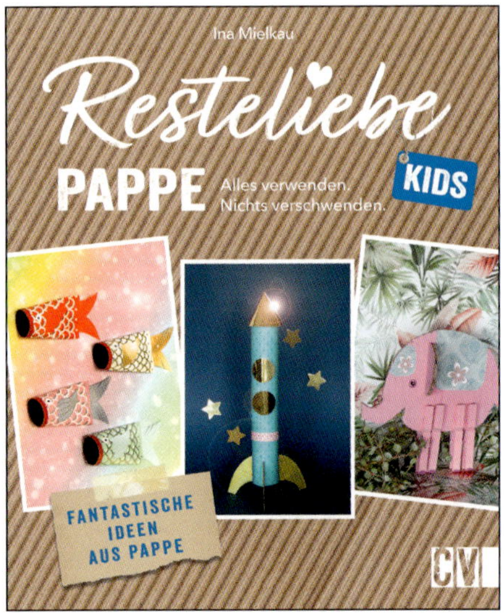

ISBN 978-3-8411-0260-7